GÜTERSLOHER
VERLAGSHAUS

FLORIAN SITZMANN

Bloß keine halben Sachen

Deutschland – ein Rollstuhlmärchen

Für Rita,

von 1/2 Mann.

Herzlichst

F. Sitzmann

Gütersloher Verlagshaus

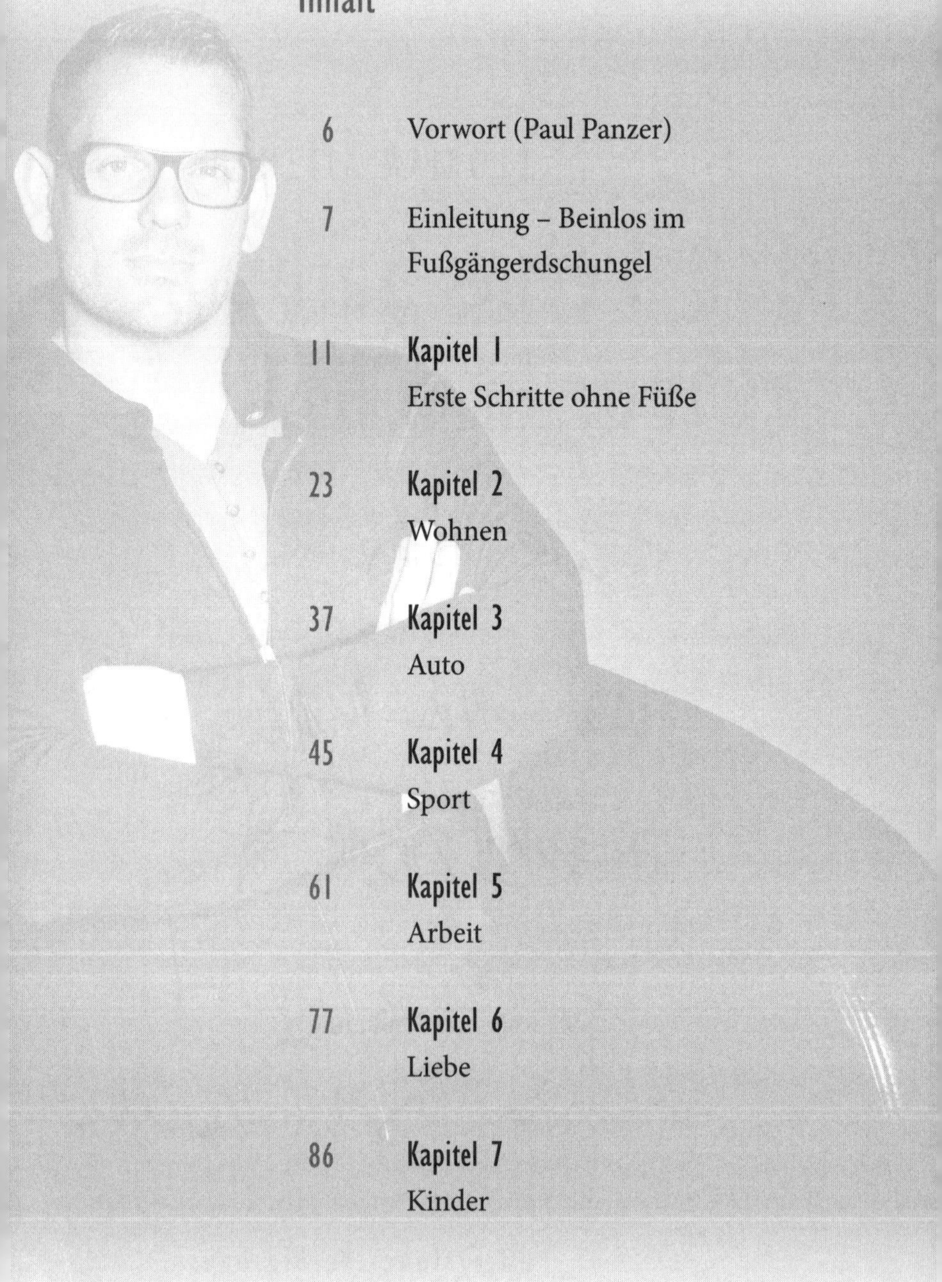

Inhalt

Vorwort

Wie kommt ein Komiker dazu, ein Vorwort für einen Behinderten zu schreiben? Was manch einem »unpassend« oder gar »geschmacklos« vorkommen könnte, ist wieder mal typisch für Flo: »Nur bitte ja keine Samthandschuhe!«

Nichts von dem, was man als Mensch »ohne« Handicap über jene »mit« zu wissen glaubt, hat noch Gültigkeit, wenn man sich einmal mit dem außergewöhnlichen Menschen Florian Sitzmann beschäftigt. In seinem neuen Buch geht es auch um Barrieren, um fehlende Kommunikation und um zwei Welten, eingeteilt in »normale« Menschen und Menschen mit Behinderung.

Für mich ist Florian Sitzmann mehr als nur eine Brücke zwischen diesen Welten. Er ist »der« Brückenbauer und deshalb ist dieses Buch so wichtig! Damit aus diesen beiden Welten eine wird, damit wir nicht mehr sprechen müssen über behindertengerecht, sondern nur noch über menschengerecht.

Einmal mehr hat er mit diesem Buch eine neue Brücke gebaut, der »Brückenbauer«, der »Sitzmann« ... der eigentlich »Fliegmann« heißen sollte.

Paul Panzer

Einleitung – Beinlos im Fußgängerdschungel

Vor drei Jahren erschien mein erstes Buch *Der halbe Mann*. Darin habe ich von meinem Unfall und meinem Leben danach erzählt. Wie ich von einem Riesen von einer Größe von 2.04 m zu einem Sitzmann auf zwei Rädern wurde. Nachdem das Buch auf dem Markt war und ich die ersten Lesungen und Fernsehauftritte hinter mir hatte, bekam ich jede Menge Post. Es waren Briefe von Menschen, die Anteil nehmen wollten oder sich Anteilnahme von mir wünschten. Darüber hinaus jede Menge Zuschriften von Lesern und Zuschauern, die froh waren, dass endlich mal einer vom Leben als Behinderter erzählt, ohne gleich in Selbstmitleid, Trauer oder Besserwisserei zu verfallen.

Viele Leser schrieben mir, dass es für sie gut war, ein Buch von einem Menschen mit Behinderung zu lesen, der sie – die Nicht-Behinderten – in diese Parallelwelt mitnimmt. Eine Welt, die mit Tabus belegt ist, obwohl Tausende von Menschen in ihr leben. Ich erzählte davon, wie *es* ist, und erlaubte den Blick über den Rollstuhltellerrand, denn ich weiß, wie rollstuhlgerecht Deutschland wirklich ist und dass das große Ziel der Inklusion von kleinen Teilzielen lebt, die aus Begegnungen, Aufmerksamkeiten und Gesprächen aller Art bestehen. Denn damit transparent wird, wie ein gemeinsames Leben funktioniert, ist Austausch nötig. Vielen »gesunden« Menschen mangelt es nicht an gutem Willen, sondern an Mut. Die Kommunikation zwischen Menschen mit und ohne Handicap ist nicht so ohne weiteres barrierefrei. Einen Hinkenden, einen, der im Rollstuhl sitzt oder nur einen Arm hat, fragt man nicht, wie er *das* macht. Mit »das« ist das Leben gemeint, das vielfältig und vielschichtig ist. Es gehört sich nicht, sich direkt zu erkundigen, *das* anzusprechen. Das gilt in vielen Köpfen als unhöflich. Und weil es unhöflich, merkwürdig und ungeübt ist, sprechen auch viele Behinderte nicht über sich und sorgen auf diese Weise dafür, dass vieles weiter unvertraut und mit Vorurteilen behaftet bleibt. So vertraute mir nach einer Lesung ein Zuhörer an, dass er nur auf einem Auge sehen könne, aber nie darüber spreche, um kein Mitleid bei seinen Kollegen zu erregen. Alle sollten denken, dass er ganz *normal*, also »gesund« wäre. Er wolle keinen Behindertenbonus, gestand er mir, und das schon drei Mal nicht, wenn es um die Karriereleiter geht.

Meine Erfahrung ist: Je öfter Menschen von ihren Beeinträchtigungen und Grenzen erzählen, desto geringer werden die Barrieren und desto greifbarer werden Lösungen. Sollten wir uns je begegnen, Sie und ich, dann fragen Sie mich also ruhig, was immer Sie interessiert oder bewegt. Was ich nicht sagen oder beantworten will, das behalte ich sowieso für mich, mögen Sie auch noch so freundlich und attraktiv sein.

Die Welt ist vielfältig und die Menschen, die darin leben, sind sehr verschieden. Menschen können einen begeistern oder einem auf die Nerven gehen. Welche Rolle spielt es da, ob jemandem zwei Füße, ein Auge oder ein paar Finger fehlen?

Ich bin froh, dass ich erzähle, auch ohne gefragt zu werden; das hat mein Leben sehr erleichtert und eine wirkungsvolle Art von Transparenz ermöglicht. Meine Behinderung ist für mich inzwischen etwas Natürliches. Meine Authentizität hat mir Türen geöffnet, und ich nutze diese Möglichkeiten jetzt für diejenigen, die noch keinen natürlichen Umgang mit Behinderten oder ihrer eigenen Behinderung haben. Ich betrachte es als meinen Auftrag zu berichten, und weil ich dies am besten vor dem Hintergrund meiner Erfahrungen kann, drehte sich im ersten Buch alles Geschriebene um mich.

Dass das Interesse am Leben im Behindertenbereich so rege ist, bekomme ich ganz stark bei meinen vielen Besuchen in Schulen mit. Junge Menschen erleben Behinderungen oft nur als einen Schreckmoment. Es passiert etwas, man hört davon und dann ist der Klassenkamerad oder der Lehrer auch schon weg – in der Klinik oder in der Reha. Nach einem größeren Unfall können Jahre vergehen, bis ein Mensch in sein früheres Umfeld zurückkommt. Natürlich gibt es integrative Kindergärten und Schulen. Doch die meisten Kinder und Jugendlichen, die ich traf, hatten wenig Kontakt mit Menschen, die in irgendeiner Form beeinträchtigt sind. Das gilt nicht nur für körperliche Behinderungen. Auf einem Sommerfest konnte ich die Plauderei von zwei kleinen Mädchen belauschen. Die eine sagte zur anderen: »Du siehst aber komisch aus!«, worauf die andere entgegnete: »Weil ich ein Mongo bin!« Als wäre es das Normalste der Welt. Ich fand das großartig! Wie es formuliert wird, ist unwichtig, es geht allein um den natürlichen Umgang damit, so wie ihn dieses kleine Mädchen zeigte. Nach dieser Erklärung war alles geklärt und die beiden spielten eine Weile miteinander.

Die beste Integration beginnt für mich da, wo jemand sich traut zu fragen und jemand offen und gerne antwortet. Wenn jemand einen anderen Menschen als Gast mitnimmt und ihm dann auch zeigt, wo es schwierig wird.

Dies ist für mich das Ziel dieses Buches. Ich möchte Sie gern einladen und mitnehmen und Ihnen zeigen, wo es in Deutschland problematisch ist, sich als Behinderter *normal* zu fühlen. Manchmal sind es nur Kleinigkeiten, die einem das Leben im Rollstuhl »zur Hölle« machen können. Oft genug ist es sehr bequem und komfortabel. Aber an anderer Stelle eben auch nicht – und darauf will ich aufmerksam machen. Denn noch mal: Nur so können Lösungen gefunden werden.

Es ist eine Illusion, wenn wir davon ausgehen, das Leben von behinderten und nicht-behinderten Menschen wäre gleich – eine Gleichbehandlung gibt es noch längst nicht. Wenn das so wäre, dann könnte ich an jeder Tankstelle tanken, die gute Preise hat. Kann ich aber nicht, denn auch hier kommt es auf Barrierefreiheit an. Achten Sie beim nächsten Tanken mal darauf, ob Sie mit einem Rollstuhl in den Kassenraum zum Bezahlen kommen. Von der Toilette wollen wir jetzt mal gar nicht reden. Es sind oft kleine alltägliche Dinge, die mit dem Rollstuhl kaum zu bewältigen sind, dabei wäre Abhilfe ganz leicht zu schaffen. Zum Beispiel soll die Welt zwar kein Behindertenparkplatz werden, aber sie muss mir helfen, einen zu finden!
Der Berater im Reisebüro muss nicht wissen, welche genauen Bedingungen ich als Reisender benötige, aber er sollte wissen, dass auch Menschen mit Behinderung reisen, dass sie besondere Bedürfnisse haben und Auskünfte brauchen und dass es genau hierfür spezielle Anbieter gibt.
Nicht jeder Kindergarten muss für alle Kinder offen sein, aber es wäre für unsere Gesellschaft vorteilhaft, wenn sich mehr pädagogische Einrichtungen zu dieser Öffnung entschließen würden.

◆

Mit diesem Buch will ich anstoßen, provozieren. Deutschland ist in Teilen barrierefrei, aber es geht noch viel mehr! Das Buch zeigt einige Bereiche auf, in denen es sich auch als Mensch ohne Behinderung lohnt, einmal nachzudenken, wie er oder sie dazu beitragen kann, dass Integration, oder noch besser Inklusion, in den nächsten Jahren fußfassen kann. Unser aller Ziel muss es sein, dafür zu sorgen, dass sich Menschen mit Behinderung in unserer Gesellschaft bewegen können, ohne darin aufzufallen. Wir haben ja schon eine gute Ausgangsposition geschaffen, aber es gibt immer noch viel zu tun. Also: Lassen wir's anrollen!

KAPITEL 1
Erste Schritte ohne Füße

Menschen mit einer Beeinträchtigung sind in Deutschland gut versorgt. Ärzte, Krankenschwestern, Krankengymnasten, Masseure, Reha-Einrichtungen, Krankenkassen, Apotheken, die unterschiedlichsten Berater und nicht zuletzt die Forschung sorgen dafür, dass Heilung und Wiedereingliederung funktionieren und das Leben weiter gehen kann. Aber obwohl wir hier in Deutschland so gut aufgestellt sind, reicht das alles noch längst nicht aus, um wirkliche Gleichbehandlung und Inklusion zu erreichen. Inklusion beginnt für mich an dem Punkt, an dem du in der Öffentlichkeit nicht mehr als Zirkusfigur bestaunt wirst, bloß weil dir zwei Beine fehlen oder du irgendeinen anderen körperlichen »Makel« hast.

Nur wenn viele wissen, wie es ist, und die Scheu verlieren, kann sich etwas ändern und wirkliche Begegnung stattfinden. Kinder machen uns das vor, indem sie einfach fragen: »Wie is 'n das so?« Wären Sie ein Kind, würde ich Ihnen jetzt antworten: »Es ist nicht schlecht – es ist aber auch noch nicht so gut, wie es sein könnte.« Will heißen: Deutschland ist, vergleicht man es mit armen Ländern, ein gelobtes Land für Menschen mit Handicap. Vergleicht man es dagegen mit dem, was es sein könnte, fallen kleine Macken und große Mängel auf. Damit dies besser wird, sind alle Menschen gefragt, denn jene, die einen Unfall oder eine Krankheit erleiden, sind erst einmal auf die Hilfe von anderen angewiesen. Wir brauchen die Wahrnehmung und das Denken aller, damit wirkliche Barrierefreiheit und eben Inklusion erreicht werden können.

Ohne Beine aufzuwachen ist erst einmal ein Schock, egal wie

schnell, gut oder schlecht man diesen anschließend verarbeitet. In einem Schockzustand kann man nicht planen und regeln, denn man hat mit Gefühlen und Ängsten zu kämpfen. Außerdem ist man meist erst einmal bewegungsunfähig – im wahrsten Sinne des Wortes. Das bedeutet auch, dass man nicht wie wild recherchieren oder sich umfassend erkundigen kann, welche Möglichkeiten es gibt, damit das Leben zwar verändert, aber doch gut weitergehen kann. Nicht selten brauchen sogar noch die Angehörigen die Hilfe des eigentlich Betroffenen, nach dem Motto: »Macht euch mal keine Sorgen um mich, ich schaffe das schon!«

Ich persönlich hatte das im Gefühl, dass ich es schaffe, aber beim Wie, bei dem Markt der Möglichkeiten benötigte ich die Navigation von Spezialisten – und das sind für mich Menschen, die sich mit Schockzuständen, Behinderungen, Rehabilitation und Hilfe bei der Gesundung auskennen.

◆

Eine der vielen Definitionen, die ich zum Begriff der Behinderung kenne, lautet: Unter Behinderung versteht man landläufig eine dauerhafte körperliche oder psychische Beeinträchtigung, die die gesellschaftliche und wirtschaftliche Teilhabe einer Person beeinträchtigt. Verursacht wird dies durch das Zusammenspiel ungünstiger Umweltfaktoren (Barrieren) und Eigenschaften der behinderten Person, die die Überwindung der Barrieren erschweren oder unmöglich machen.

Bei der Definition von Behinderung unterscheidet die Weltgesundheitsorganisation (WHO) drei Begrifflichkeiten:

Aufgrund einer Erkrankung, angeborenen Schädigung oder eines Unfalls als Ursache entsteht ein dauerhafter gesundheitlicher Schaden – impairment. Der Schaden führt zu einer funktionalen Beeinträchtigung der Fähigkeiten und Aktivitäten des Betroffenen – disability. Die soziale Beeinträchtigung ist Folge des Schadens und äußert sich in persönlichen, familiären und gesellschaftlichen Konsequenzen – handicap. Behindernd wirken in der Umwelt von behinderten Menschen sowohl Alltagsgegenstände und Einrichtungen (physikalische Faktoren) als auch die Einstellung anderer Menschen (soziale Faktoren).

In einer Tageszeitung las ich, dass rund 6,6 Millionen Deutsche amtlich als schwerbehindert anerkannt sind. Bei vier von fünf ist dabei eine Krankheit Grund ihrer Behinderung. Insgesamt gelten rund zehn Prozent der Deutschen als behindert. Das zeigt, dass wir Menschen mit Beeinträchtigung keine Randgruppe sind. Wir sind sogar ein Markt, was viele, aber doch noch zu wenige Unternehmer längst erkannt haben.

Jeder Mensch, der in eine Extremsituation kommt, braucht andere, die ihn auffangen und ihm zeigen, was er trotz seiner neuen (scheinbaren) Immobilität alles anfangen kann. Menschen, die mitdenken und die sich für das Thema interessieren, nachdem man die Räume der Reha-Klinik hinter sich gelassen hat. In der oben erwähnten Definition lese ich dies ganz besonders im ersten Abschnitt. Das Zusammenspiel *Behinderung – Unfall – Leben* und damit auch *Austausch* beginnt für mich bereits in den ersten Stunden.

◆

Ich hatte großes Glück. Familie, Freunde und Ärzte unterstützten mich in vollem Maße. Mit Georg Adamidis, dem Arzt, der mir 1992 das Leben rettete, bin ich bis heute eng befreundet. Einsam wurde ich erst, als ich in die Reha kam, also an dem Ort, der mich in meiner neuen Situation auffangen und wieder mobil machen sollte. Für die Leser, die mein erstes Buch nicht kennen, möchte ich auf diese Situation noch einmal eingehen und damit gleich die erste Anregung geben, die für mich Inklusion und Gleichheit erleichtern würde:

◆

Holt die Reha-Kliniken aus dem Wald und packt sie dorthin, wo das Leben pulsiert!

◆

Waren Sie schon mal in einer Reha-Klinik, als Patient oder als Besucher? Viele Reha-Kliniken sind für mich ein Ort des Grauens. Man hängt aufeinander, die Rollstühle stehen in den Gängen herum und man will dem gern mal für eine Weile entfliehen. Leider kann es passieren, dass man sich dabei noch mehr Blessuren zuzieht, denn diese Kliniken liegen bevorzugt im Wald oder auf Hügeln, und das heißt, dass man auf seiner Flucht unter Umständen mit Seifenkistengeschwindigkeit dem Tal entgegenrast. Und was den Rückweg angeht, da lasse ich Sie gern mal in meinem Rollstuhl Platz nehmen und Sie zu meiner Reha-Klinik hoch-rudern. Um das zu schaffen, bräuchte man Arme wie Popeye. Die Menschen, die nach einem Unfall oder einer schweren Krankheit dort landen, haben die aber für gewöhnlich noch nicht. Im Gegenteil! Die Patienten, die ich traf und zu denen ich selbst gehörte, hatten alle Schlimmes erlebt. Ein Zustand, in dem man Aufmunterung, Motivation und Anregung braucht – und Zeit, um sich an das Leben mit Nicht-Behinderten wieder zu gewöhnen. Das ist schwer möglich, wenn man tagein, tagaus nur zusammen mit Behinderten und Pflegepersonal die Zeit in einer Klinik absitzt und niemals unter Leute in einer ganz normalen Fußgängerzone kommt. Jeder ist obendrein mit seinem eigenen Leid und dessen Verarbeitung beschäftigt. Es kann durchaus hilfreich sein, sich mit anderen Menschen, die Ähnliches erlebt haben, auszutauschen, denn du kannst von den anderen Menschen lernen – zum Beispiel wie sie ihr Handicap in den Griff bekommen haben. Gemeinsam bekommt man den Hintern leichter hoch und gegenseitiges Mitleid kann manchmal

Schmerzen lindern wie Opium. Was dich aber vor allem fit für das Leben macht, ist die Begegnung mit Menschen aus der »unversehrten« Welt. Die von sich erzählen und ein Stück altbekannten Alltag in die Reha-Klinik bringen. Je häufiger, desto besser.
Besuche sind aber ganz besonders bei diesen Kliniken oft mit einem immensen touristischen Aufwand verbunden, denn Reha-Kliniken liegen in der Regel etwas »ab vom Schuss«. Mal eben »Hallo« sagen, kannst du vergessen.
Um wieder auf die – vorhandenen oder nicht vorhandenen – Beine zu kommen, braucht es Begleitung und Menschen, die sich, während man selbst noch im Schock rumliegt, um verschiedene Sachen kümmern. Darauf stützt sich die Nachversorgung, die man auch als Patientenentlassungsnachsorgekonzept beschreiben könnte. Wer entlassen wird, weiß, ich kann jetzt hierhin oder dorthin gehen, und dort werde ich dann versorgt – mit einem Rollstuhl, einem Badewannenlift oder was auch immer benötigt wird. Dass es einen Anbietermarkt gibt, bedeutet aber nicht, dass alle, die in diesem Bereich arbeiten, etwas von der Sache verstehen oder sich die Mühe machen, sich einmal umzublicken. Vieles, was ich erlebt habe, empfand ich als dilettantisch. Als ich zum Beispiel meinen ersten Rollstuhl bekam, saß ich darauf wie auf einer Parkbank. Neben mir hätte prima noch jemand Platz nehmen können. Wenn Sie als Fußgänger in ein Schuhgeschäft gehen, dann möchten Sie doch auch kein Paar Schuhe kaufen, das drei Nummern zu groß ist, oder? Und wenn Ihnen dann die Verkäuferin trotz Ihrer Einwände das zu große Paar Schuhe andrehen will, dann kaufen Sie es nicht, sondern verlassen vielleicht sogar den Laden. Menschen, die erst seit Kurzem eine Behinderung haben, wissen aber noch gar nicht, wie sich ein Rollstuhl passgenau unter dem Hintern anfühlt. Sie den-

ken erst einmal, das müsse so sein, weil der Experte es ja sagt. Und wenn schließlich die Krankenkassen den Handel aktivieren, weil sie den Kaufpreis von 3000 Euro für einen Rollstuhl drücken wollen – wer macht es mir billiger? –, dann beginnt der Reha-Fachhandel zu tanzen und zu argumentieren. Am Schluss kann es sein, dass der Rollstuhl 50 Euro günstiger ist, aber eben nicht passend. Und dann hat man den Salat.

Ich verstehe, dass auch Krankenkassen sparen müssen. In vielen Fällen passiert dies meiner Meinung nach aber leider an der falschen Stelle. Die fachliche Beratung im Vorfeld ist das Salz in der Suppe.

Ähnlich verhält sich die berufliche Rehabilitation. Hier muss sich ebenfalls noch einiges tun. Als ich mich 1996 im Alter von 20 Jahren wieder auf den Markt bewegte, da wurde ich ein zweites Mal behindert.

Mit 15 und mit Beinen wollte ich Schreiner werden, mit 16 ohne Beine war das vorbei. Was aber wird man ohne Beine? Irgendwas im Büro? Eine Schlüsselszene für mich war damals ein Besuch beim Arbeitsamt. Ich sollte dort einen Eignungstest machen. Zu dem Zeitpunkt hatte ich mir in den Kopf gesetzt, dass ich, wenn schon nicht Schreiner, Bauzeichner werden wollte. Mit diesem Plan kam ich zuversichtlich zu meinem Termin und machte den Test, um meine Entscheidung zu untermauern.

Das Resultat erzeugte in mir eine Mischung aus Ratlosigkeit und Verblüffung, denn es kam etwas völlig anderes heraus als das, was ich erwartet hatte. Mit einem Bürojob, der offenbar allen Rollstuhlfahrern angeboten wird, lag ich zwar schon mal richtig, aber: »Bloß nix mit Zeichnen!«, erklärte mir mein Berater, da mein räumliches Denken dafür zu gering ausgebildet sei. Na, herzlichen Glückwunsch – wir haben einen Gewinner im Vorurteilskontest!

In § 33 SGB IX werden die Leistungen der beruflichen Rehabilitation, die nun *Leistungen der Teilhabe am Arbeitsleben* heißen, genannt. Zu ihnen gehören insbesondere:

Hilfen

- zur Erhaltung oder Erlangung eines Arbeitsplatzes, einschließlich Leistungen zur Beratung und Vermittlung, Trainingsmaßnahmen und Mobilitätshilfen,
- Berufsvorbereitung, einschließlich einer wegen der Behinderung erforderlichen Grundausbildung,
- berufliche Anpassung und Weiterbildung, auch soweit die Leistungen einen zur Teilnahme erforderlichen schulischen Abschluss einschließen,
- berufliche Ausbildung, auch soweit die Leistungen in einem zeitlich nicht überwiegenden Abschnitt schulisch durchgeführt werden,
- Überbrückungsgeld.
- Sonstige Hilfen zur Förderung der Teilhabe am Arbeitsleben, um behinderten Menschen eine angemessene und geeignete Beschäftigung oder eine selbstständige Tätigkeit zu ermöglichen und zu erhalten.

Diese Maßnahmen werden gewährt, um die Erwerbsfähigkeit behinderter oder von Behinderung bedrohter Menschen entsprechend ihrer Leistungsfähigkeit zu erhalten, zu verbessern, (wieder-)herzustellen und ihre Teilhabe am Arbeitsleben möglichst auf Dauer zu sichern.
So etwa kann man die Unterstützung nachlesen. Den Menschen, die behindert sind und die beraten werden, sollen Möglichkeiten eröffnet werden, die an ihre Behinderung angepasst sind. Möglichkeiten zu eröffnen, das bedeutet aber wohl kaum zu verbalisieren, was jemand *nicht* kann!

Unten behindert, oben behindert – dachte ich damals. Was nun? Ich weiß noch, wie mies ich mich fühlte. Was sollte ich denn mit dieser unqualifizierten Aussage anfangen? Heim rollen und heulen? Ich dachte in diesem Moment schon an die anderen Menschen, die nicht eine solche mentale Kraft in sich tragen, wie ich sie immer spüren durfte. Ich selbst erlebe mich als einen Menschen, der seinen Weg geht, obwohl er keine Beine hat, und der sich nicht von einem rücksichts- und obendrein ahnungslosen Schreibtischkasper abhalten lässt. Jemand, der eigentlich darauf geschult und getrimmt sein soll, konstruktiv anzuleiten und gemeinsam mit dem Kunden herauszuarbeiten, dass, wenn das Eine nicht geht, es doch noch andere Optionen gibt. Wie verlassen Menschen dieses Amt, dachte ich mir damals, die nicht so selbstbewusst sind wie ich? Menschen, die gerade frisch auf einem Rollstuhl rollen, der breit ist wie eine Parkbank. Menschen, die jemanden an ihrer Seite brauchen, der ihnen dabei hilft, sich im Leben und im Beruf zurechtzufinden.
Ich spürte damals eine Riesenwut. Mir wurde klar, dass man aufpassen muss, von wem man sich beraten lässt, wenn man keine Beine oder ein anderes Handicap hat.

Gute Beratung erkenne ich unter anderem, wenn mein Gegenüber:

1. erkennen kann, dass ich arbeiten WILL,
2. seinen Angebotskatalog wie das Vaterunser herunterbeten kann und auch Querverweise auf verwandte Berufe anführt,
3. mir das Gefühl gibt, dass man diese Aufgabe zusammen bewältigen kann – denn der Ratsuchende hat vielleicht niemand anderen, der sich auskennt oder ihn unterstützt, verbindliche Aussagen macht und mich dort abholt, wo ich stehe,

4. aktiv ist und im Rahmen seiner Möglichkeiten zielstrebig und produktiv handelt.

Um das zu beurteilen, braucht man ein gesundes Selbstbewusstsein und Selbsterfahrung. Ich wusste bald, dass ich nicht alles glauben darf, was man mir erzählt, mag mein Gegenüber noch so kompetent wirken. Mir wurde klar, dass ich wach sein und die Dinge immer wieder reflektieren und auf meine Bedürfnisse hin überprüfen muss.
Ich habe Menschen getroffen, die nach solch einer Beratung kurz davor standen, aus dem Fenster zu springen. Menschen, die sich auf einmal völlig lebensunfähig fühlten und dachten, sie könnten rein gar nichts mehr mit sich anfangen. Nicht mehr laufen, nicht mehr arbeiten, nicht mehr leben, nichts.
Meiner Meinung nach sollten Behinderte bei ihrer Berufswahl grundsätzlich von Menschen mit Handicap beraten werden, weil die genau wissen, wie es sich anfühlt, wenn man an seinem eigenen Nutzen und Können zweifelt, weil der Körper nicht der Norm entspricht. Solche Menschen können sich vorstellen, was es in einem auslöst, wenn man durch den Besuch beim Arbeitsamt registriert, dass es schön wäre, wenigstens eine Null zu sein, da man doch in Wirklichkeit eine -1 oder -2 ist. Das muss man selbst erlebt haben, um solche Beratungssituationen richtig einschätzen zu können. Wer hier aus eigener Erfahrung schöpfen kann, wird in der Lage sein, die Beratungsform entsprechend anzupassen.

◆

Am meisten aufgebaut haben mich damals die Menschen, die mich akzeptiert haben, so wie ich jetzt bin. Die meine Behinderung ausblendeten oder in einer versachlichten Weise damit umgingen. Etwa als hätte ich nichts weiter als eine andere PS-Zahl oder eine andere Karosserie, wäre aber immer noch ein Auto, das eine Versicherung braucht. Auto bleibt Auto, Versicherung bleibt Versicherung. Bei keinem Abschluss werden Sie mit dem Makler darüber sprechen, wie es sich anfühlt, mit so wenig PS zu fahren, oder wie es sich sitzt, und Sie werden auch keine mitleidigen Blicke ernten, weil der Makler Sie dafür bedauert, dass sie eine Marke fahren, die er niemals wollte. Nein, Sie werden bedient, also unterstützt und auf Bedingungen und Vorteile aufmerksam gemacht.

Es gab sehr viele, die sich nur für diesen Typ Florian Sitzmann interessierten und nicht dafür, dass er jetzt ein Rollstuhlfahrer ist. Die haben sich ganz normal mit mir unterhalten und nicht alle drei Minuten gefragt, ob sie mir irgendwas helfen sollen. Denen konnte ich einfach signalisieren: »Pass auf, wenn ich irgendwas brauche, dann sage ich dir Bescheid, und ansonsten kannst du mich behandeln wie deine anderen Kollegen auch.« Dankeee!

Und weil es um das *Bescheid sagen* geht und ich einer von vielen bin, einer in der 10-Prozent-Schublade, melde ich mich zu Wort. Ich fahre durch Deutschland, ich besuche Menschen, Ämter, Konzerte, Feste, Weihnachtsmärkte, und ich horche auf, wenn mich etwas erstaunt oder mir nicht gefällt. Nicht für mich, denn ich habe gelernt, Umwege in Kauf zu nehmen oder Schwellen zu ignorieren. Aber was ist mit den anderen? Denen, die sich gerne wie ich frei bewegen möchten und denen es an Selbstbewusstsein oder an Kraft fehlt?

◆

2005 gab es eine Fachkonferenz *Selbstbewusstsein von Mädchen und Frauen mit Behinderung (§44 SGB IX): Erfahrungen – Erkenntnisse – Visionen* im Rahmen der Rehacare in Düsseldorf. Auch dieser Aspekt ist im Gesetzbuch zu finden (§33 Abs. 6 SGB IX).

Dazu gehören insbesondere:

- Hilfen zur Unterstützung bei der Krankheits- und Behinderungsverarbeitung,
- Aktivierung von Selbsthilfepotentialen,
- mit Zustimmung der Leistungsberechtigten Information und Beratung von Partnern und Angehörigen sowie von Vorgesetzten und Kollegen,
- Vermittlung von Kontakten zu örtlichen Selbsthilfe- und Beratungsmöglichkeiten,
- Hilfen zur seelischen Stabilisierung und zur Förderung der sozialen Kompetenz, unter anderem durch Training sozialer und kommunikativer Fähigkeiten und im Umgang mit Krisensituationen,
- Training lebenspraktischer Fähigkeiten.

Natürlich müssen Menschen dazu ermutigt und angeleitet werden, all das in Anspruch zu nehmen, was ihnen in dieser Situation gut tut und für ihre Rehabilitation wichtig ist. Zum Beispiel den Rollstuhl so oft zu reklamieren, bis er wirklich zu den eigenen Bedürfnissen passt, und das nicht als Opfer, sondern als selbstbewusster Kunde.

Selbstbewusstsein wird durch andere Menschen und Vorbilder gefördert. Das gilt für Frauen wie für Männer. Vielleicht sind Frauen hier ein Stückchen weiter, weil sie sich 2005 schon Gedanken dazu gemacht haben. Es braucht Therapien und Kurse, in denen Männer und Frauen bei der Stärkung des Selbstbewusstseins geholfen wird.

Erfolgreich einen gewünschten Ausbildungsplatz zu bekommen, sei das eine, erklärte Dr. Brigitte Sellach von der Gesellschaft für Sozialwissenschaftliche Frauen- und Genderforschung e.V. (GSF e.V.) damals auf dem Düsseldorfer Forum. Notwendig seien aber auch der Druck der Interessenverbände

und die Unterstützung in der Praxis, um Schule, Berufsberatung und Therapie entsprechend umzugestalten.
Diese Ziele können nur durch Austausch und Information erreicht werden. Und durch Veranstaltungen dieser Art. Auch Männer brauchen Selbstbewusstsein – ich warte auf das Forum, das da (hoffentlich) kommt.

KAPITEL 2
Wohnen

»My Home is my Castle«, heißt es so schön. Und so ähnlich, wie Menschen mit Füßen das erleben, ist es natürlich auch mit Menschen, die sich auf Rädern in ihren vier Wänden fortbewegen. Wenn eine Wohnung ein Castle werden soll, ist es meistens so, dass man sie sich mit viel Liebe und Kreativität selbst gestalten muss. Es sein denn, man heißt »Familie Geiss«, hat Kohle bis zum Abwinken und braucht nur zu bestimmen, wo das Ausgesuchte hinkommt. Das fertige Traumhaus oder Wohnschloss, wie es im Fernsehen zu sehen ist, wenn es um Werbung für Bausparverträge oder irgendwelche Los- oder Gewinnspielaktionen geht, bleibt meist in weiter Ferne. Das fertige, erschwingliche Haus, das Glückshaus, das findet sich nur ganz selten. Vor allem, wenn es das Prädikat barrierefrei haben soll. Möchte ich eine solche Wohnung oder ein solches Haus für mich finden, muss ich schon sehr differenziert schauen. Ob da vorher vielleicht schon jemand gewohnt hat, der auch eine Behinderung hat. Oder vielleicht ein älterer Mensch, der sich sein Wohnumfeld so gestaltet hat, dass es stufenfrei ist. Oder ich habe genügend Vorstellungskraft, um mir etwas Bestehendes so umzudenken, dass es eine Baufirma umsetzen kann.
In diesem Zusammenhang hat übrigens für Rollstuhlfahrer der demografische Wandel durchaus Vorteile! Je größer der Anteil an älteren Menschen in der Gesellschaft wird, desto mehr finden sich auch Wohnungen und Wohnobjekte mit barrierefreier Ausstattung. Architekten wenden sich daher inzwischen immer häufiger in einem Teil ihrer Arbeit der bar-

rierefreien Planung zu. Eine bekannte Architektin in diesem Bereich ist Ursula Fuß aus Frankfurt. Seit 1993 sitzt sie nach einem Unfall selbst im Rollstuhl. Ihren Weg als Architektin weiter zu gehen, hat das nicht beeinflusst. Sie schreibt auf ihrer Webseite: »Barrierefreie Architektur ist eine gesellschaftliche Haltung. Barrierefreie Architektur fördert Fähigkeiten, die unsere Gesellschaft entwickelt hat, die unsere Forschung möglich macht und die Natur uns gegeben hat. Erst wenn wir begreifen, dass Fähigkeiten nur dann entwickelt werden können, wenn wir sie erleben können, erkennen können, werden wir Inhalte und Ziele der barrierefreien Gesellschaft formulieren. Architektur ist hier der wichtige Grundstein, sie schafft und stellt die Flächen zur Verfügung, um die unterschiedlichsten Fähigkeiten erlebbar zu machen und mit diesen in Berührung zu kommen.«

◆

Architekten wie Ursula Fuß sind wichtig für Menschen mit speziellen Bedürfnissen oder mit einem Handicap. Natürlich vor allem für diejenigen, die gerade erst am Anfang ihres Weges auf vier Rädern stehen und noch keinerlei Erfahrungen mit dieser Materie haben. Oder jene, die ein bestehendes Objekt umbauen und auf ihre Bedürfnisse abstimmen möchten. Die können ganz toll von ihr beraten werden.

Noch vor wenigen Jahren war das Angebot viel geringer. Die Architekten tobten sich mit Reihenhausentwürfen aus und kein Mensch dachte darüber nach, dass irgendwann einmal jemand darin wohnen könnte, der sich auf den Treppen vielleicht nicht mehr leichtfüßig bewegen kann. Für jemanden wie mich ist es mühsam, viele Treppen steigen zu müssen, denn ich bewältige die Stufen auf meinen Händen. Besonders unangenehm ist das im Winter, wenn sich in Fluren oder Hauseingängen der Schmutz der Welt von draußen anhäuft. Wenn

die Treppen kalt und schmutzig sind von all dem Dreck, den die Menschen an ihren Schuhen hinein tragen.
Und selbst wenn ich ganz bequem mit dem Rollstuhl in einen Hauseingang rollen kann, gibt es gleich den nächsten Unterschied beim Komfort. Denn während Füßler sich ordentlich die Schuhe auf der Fußmatte abputzen können, schleppe ich den ganzen Dreck an meinen Rollstuhlrädern in die Wohnung. Erst wenn ich nicht mehr im Stuhl sitze, kann ich die Räder schön säubern. Per Hand, versteht sich; eine Maschine dafür, ein Pendant zur Schuhputzmaschine, hat noch keiner erfunden. Wäre aber ein praktisches Utensil ...

Meine Wohnung hat, zumindest für meinen Geschmack, Stil und ist dennoch praktisch eingerichtet. Auch das ist etwas, worüber Innenarchitekten in Bezug auf Menschen mit Behinderung früher nicht nachgedacht haben. Frei nach dem Motto, der oder die Betroffene solle bloß froh sein, überhaupt ein Dach über dem Kopf zu haben und nicht in einem Heim leben zu müssen.
Ich habe Ansprüche. Genauso wie ich Ansprüche an meine Beziehung und an mein Erscheinungsbild habe, stelle ich natürlich auch Ansprüche an meine Wohnung. Ich will mich wohlfühlen. Und für einen Menschen mit Behinderung bedeutet das in erster Linie, dass man sich mit dem Rollstuhl frei bewegen kann. Was in vielerlei Beziehung eine gute Sache ist, denn wo man sich frei bewegen kann, ist es auch möglich, ordentlich sauber zu machen, ohne gleich den ganzen Hausrat verschieben zu müssen. Ich kann Schränke und Vitrinen nicht zu nahe aneinander stellen, wenn es eh schon knapp ist mit dem Platz. Ich muss darauf achten, dass sie eine gewisse Höhe nicht überschreiten, sonst kann ich sie nicht füllen oder mich aus ihnen bedienen. Es nützt mir nichts, ein Möbelstück

platzsparend hoch aufzuhängen oder es abseits in einer Ecke zu verstauen, weil ich es dann eigentlich gar nicht nicht benutzen kann. Auch Teppiche lasse ich am liebsten weg, denn das sind vorprogrammierte Stolperfallen, die vorzugsweise nachts aktiv werden, wenn man schlecht sieht, sein Kind noch mal zudecken möchte oder noch mal ins Bad muss.

Ich schlendere gerne mit meiner Freundin Annika durch Möbelhäuser. Nicht zuletzt, weil ich vor dem Kauf im Geschäft testen kann. Die ganz großen Möbelhäuser sind in der Regel barrierefrei, weil man hier auf junge Familien eingestellt ist. Und junge Familien haben häufig Räder. Nämlich am Kinderwagen. Das heißt, es gibt Parkplätze direkt vorm Eingang, großzügige Fahrstühle, die mich in jede Etage bringen. Dann geht es auf schönen planen Gängen und meist glatten Böden weiter zu den Angeboten. In Möbelhäusern kann ich flanieren und schauen, ob ich etwas für mein Castle finde. Bei jedem Wetter. Eine tolle Sache. Möbelhäuser sind oft eingerichtet wie kleine Wohneinheiten. Da bekommt man nicht nur eine erste Idee, wie man es zu Hause selbst machen könnte, sondern ich kann gleich ein paar »Proberunden« um die Möbel drehen, um zu sehen, ob ich damit zurecht komme. Wie viel Abstand bleibt da rechts und links? Und wie ist der Radius bei dieser Schranktür, wenn sie sich öffnet? Reicht das oder versperrt sie mir dann den Zugriff zu einer Schublade?
Natürlich gucken die Leute manchmal ein bisschen komisch, wenn ich auf einer Couch probesitze. Aber ich nehme das augenzwinkernd hin, und ehrlich gesagt bemerke ich es meist auch gar nicht. Aber wenn es passiert, ist es immer eine gute Gelegenheit, mit Menschen in Kontakt zu kommen, Berührungsängste abzubauen und vielleicht auch Fragen zu beantworten, wenn dein Gegenüber den Mut hat, die Frage überhaupt zu stellen. Ich mag solche Begegnungen. Und natürlich sollen die Leute auch mitbekommen, dass Menschen mit Handicap genauso schöne Möbel für ihre Wohnung suchen. Ich bin mir sicher, auch da gibt es noch viele Vorurteile und Klischees.

◆

Viel schwieriger gestaltet sich die Suche zumeist, wenn es um das Wohnobjekt der Begierde selbst geht. Ein Makler sollte hierbei wohl der richtige Ansprechpartner sein. Zumindest in der Theorie ... Tatsächlich wurde meine Suche nach Wohneigentum zu einer regelrechten Odyssee. Wer einen Makler mit der Suche nach einer Wohnung zum Kauf beauftragt, die »schwellenlos« zu begehen ist, und dieser sogar weiß, dass sein Kunde Rollstuhlfahrer ist, bedeutet das leider noch lange nicht, dass die Objekte, die der Makler einem daraufhin anbietet, dieses Kriterium auch tatsächlich erfüllen.
Ich erwartete ja gar nicht, dass man mir sofort das Behindi-Traumschloss präsentiert, an dem ich nichts mehr verändern muss. Aber es hatte den Anschein, als hätte ich in dem Moment, in dem ich beschrieb, wie eine solche Wohnung auszusehen hat, einen Lappen im Mund gehabt. Der Makler konnte mich einfach nicht verstanden haben! Das merkte ich aber natürlich erst, als ich die Objekte besichtigte. Während der Hochzeit meiner Bemühungen, eine Wohnung zu kaufen, hatte ich ca. zehn Besichtigungstermine pro Woche. Das war natürlich neben dem Arbeitsalltag sehr anstrengend. Und umso ärgerlicher, wenn man hinkam und die Gebäude einfach nicht die notwendige Grundausstattung für mich aufwiesen.
Das erste Objekt, das ich mir »anschaute«, konnte ich nicht betreten, weil ich vor dem Eingang leider fünf Stufen erblickte, die ich vielleicht hätte hochfliegen können, nur fehlen mir leider ein Paar Flügel. Der Makler, der von Menschen mit Behinderung soviel Ahnung hatte wie eine Kuh vom Eislaufen und wohl auch nicht zugehört hatte, meinte nur: »Man könnte ja eine Rampe hinbauen.« What?! Eine Rampe hinbauen? Wie lang soll die denn werden, damit ich da noch hoch komme? Von hier bis nach Timbuktu? Oh man! Es waren grade mal

drei Minuten vergangen und ich war schon am Ende meiner Geduld angekommen. Dennoch versuchte ich, ruhig zu bleiben, und dachte mir: »Jeder Mensch bekommt bei dem angeborenen Gen Unwissenheit eine zweite Chance«. So versuchten wir es ein paar Tage später noch einmal. »YES!«, dachte ich da, als ich vor dem Objekt stand und auch noch rein kam. Wohnung schön hell, groß genug, Türbreiten sehr komfortabel, aus dem Badezimmer könnte man einen Spa-Bereich machen – aber was war das? Zur eigentlichen Terrasse und zum Garten musste man fünfzehn Stufen runter. Wo gibt's denn so was, hier sind doch gar keine Berge? Meine Freude schwand. Sofort setzte ich meine Vorstellungskraft in Bewegung und dachte darüber nach, wie ich diesen Höhenunterschied ausgleichen könnte. Aber bei dem Gedanken daran, dass ich die Masse des Mount Everest dafür hätte opfern müssen, wurde das Bild von dieser Wohnung extrem unscharf.

Die nächsten drei Makler, die ich in den Folgewochen kennen lernen durfte, hatten sich wohl in ihrer Auffassungsgabe mit dem ersten Kandidaten abgesprochen. Und so wurde es ein Kraftakt, der mich im Nachhinein sicher ein Jahr meines Lebens gekostet hat. Zu guter Letzt traf ich aber doch noch einen Makler, der mir aufmerksam zuhörte und mit dem ich mich schon im Vorfeld lange darüber unterhielt, was alles machbar ist und was gar nicht geht. Ich fand mit ihm die Wohnung, in der ich noch heute lebe. In der musste ich zwar einige Veränderungen vornehmen, aber sie war von Anfang an so, dass aus ihr etwas werden konnte. Jedenfalls für meine Ansprüche.

◆

Veränderungen. Umbauten. Weitere Probleme! Wie komme ich in diese Schranknische? Gehen auch zwei Geschosse? Wie komme ich dann nach oben? Und wie komme ich durch die zu enge Tür zum Balkon?

Inzwischen gibt es Firmen, die sich genau mit derartigen Fragen beschäftigen. Wie sollte beispielsweise das Bad eingerichtet sein, damit man nicht nur die Dusche, sondern auch das Waschbecken und das WC mit ausreichend Platz nutzen kann und alles noch ergonomisch angeordnet ist? Rangieren muss man können! Es gibt ein paar Firmen, die auf derartige Anforderungen besonders eingehen. Ich selbst machte bei der Herrichtung meiner Eigentumswohnung, die hier und da umgebaut werden musste, sehr gute Erfahrungen mit diesem Service. Schon nach dem ersten Eindruck war ich begeistert. Ich fühlte mich abgeholt, wirklich beraten und nicht so, als ob man mir etwas aufschwätzen wollte. Alles passierte in enger Abstimmung mit dem Bauherrn, wie es so schön heißt, und das war ich. Man präsentierte mir viele nützliche Extras und Funktionen, von denen ich bis dato noch nichts gehört hatte, und ich war begeistert, wie einfach das Händewaschen auf einmal war, als ich das Waschbecken unterfahren konnte. So viel Luxus kannte ich vorher nicht aus meinem häuslichen Bereich. Das ist wohl der kleine, aber feine Unterschied von Eigentum.

◆

Zu diesem »Schnickschnack« gibt es heute spannende Messen wie die IRMA in Bremen. Hier kann man sich informieren und begeistern lassen von kreativen Ideen und Problemlösungen für den speziellen Bereich der Konzipierung und Umsetzung von barrierefreiem Wohnraum. Menschen mit Behinderung können in großen Hallen bestaunen und ausprobieren, welche Neuerung für ihre Wohnung nützlich wäre und zu ihrer ganz individuellen Behinderung passt. Grenzen gibt es da mittlerweile kaum noch. Von der Küche mit elektrisch herunter fahrenden Hochschränken über einen »Roboterarm«, der einem die Teller auf den Schoß legt, bis hin zu einer Riesenauswahl an unterschiedlichen Toilettensitzen kann man hier alles finden.

◆

Übrigens, so wichtig, wie es ist, den richtigen Architekten zu wählen, so wichtig ist es auch, eine Liste der richtigen Handwerker zu haben, die den Um- oder Einbau von solchen »Spezialgerätschaften« beherrschen. Denn nicht jeder, der sich mit Sanitäranlagen auskennt, weiß auch, wie der Bedarf für eine barrierefreie Wohnung aussieht und welches Abmaß zwischen den einzelnen Komponenten einzuhalten ist. Nicht alles, was flach ist, ist schon barrierefrei. Es sind also aufwändigere Recherchen und Gespräche notwendig, wenn man ein Haus baut oder etwas umbauen möchte. Und man kann sich darauf gefasst machen, dass man immer wieder mit Handwerkern zu tun hat, die behaupten, hundertprozentige Fachmänner auf dem Gebiet zu sein, die sich dann jedoch als kompletter Totalausfall herausstellen. Das ist ärgerlich und kann schnell Zeit und vor allem Geld kosten. Aber mit ein paar schlauen Fragen am Telefon können Sie sehr schnell heraus finden, um was für einen Fachmann es sich handelt. Gehen Sie ruhig auch mal ins Detail:

- Welche Art von barrierefreiem Umbau haben Sie bereits durchgeführt?
- Für welchen Typ von Behinderung hat das stattgefunden?
- Verlief alles reibungslos oder gab es Schwierigkeiten bei der Umsetzung?
- Welche Produkte haben Sie verwendet?
- Kann man sich das Ergebnis vielleicht anschauen, sprich haben Sie es bildlich dokumentiert?

Wenn Sie diese Fragen vorab klären, haben Sie gute Chancen, den Umbau schnell und zufriedenstellend über die Bühne zu bringen.

Die erste Wohnung von einem Menschen mit Handicap, die ich sah und die ich ganz wunderbar fand, war die von einem ehemaligen Chef. Diese Wohnung zu sehen, inspirierte mich bei der Auseinandersetzung mit meiner eigenen Wohnung, denn sie hatte überhaupt keine Merkmale, die darauf hätten schließen lassen, dass hier jemand wohnt, der im Rollstuhl sitzt. So normal wie möglich zu scheinen, das war fortan die Herausforderung für meine eigenen vier Wände.
Ein ebenerdiger Eingang war Grundvoraussetzung. Dann natürlich eine Dusche, die ebenfalls bodengleich ist. Außerdem mussten auf jeden Fall breite Gänge und Bewegungsräume vorhanden sein, damit ich jeden Quadratzentimeter gut erreichen und sauber machen kann – ich habe es gerne rein und ordentlich.
Diese Bewegungsfreiheit kann in kleinen Reihenhäusern allerdings nicht immer gewährleistet sein. Die sind zumeist nicht darauf eingerichtet, dass man da mit Fuhrpark statt Beinen unter dem Hintern wohnt. Doch hier kommt mittlerweile wieder der demografische Wandel ins Spiel. Auch Menschen mit Rollatoren wollen sich in Reihenhäusern bewegen. Und deswegen ist es gut möglich, dass in naher Zukunft auch klassische Reihenhäuser ganz anders aussehen. Wie in meiner Wohnung. Das barrierefreie Bad. Das nebenbei bemerkt nicht nur etwas für alte Leute und Menschen im Rolli ist, sondern es ist obendrein wirklich schick. Mir vermittelt mein Bad oft ein Gefühl von Urlaub, purer Luxus, geradlinige Eleganz – und sogar genug Platz für meine Tochter Emely, um darin zu tanzen. Und schon hat die Dusche noch einen Fan ...

◆

Es sind oft die Kleinigkeiten, die mir beim Wohnen Komfort bieten. Zum Beispiel, dass die Steckdosen in der richtigen Höhe montiert sind, sodass ich nicht Gefahr laufe, aus meinem Stuhl zu fallen, nur weil ich mal den Stecker vom Staubsauger anschließen möchte. Oder dass ich leicht zum Öffnen ans Fenster kann, denn sobald eine Couch davor steht, ist es für mich schon wieder schwierig. Raus aus dem Stuhl, rauf auf die Couch, Fenster aufmachen, runter von der Couch und wieder rein in den Stuhl. Was für ein Aufwand. Und dasselbe noch mal, wenn ich es wieder schließen will. So viel Akrobatik für einen Handgriff – das muss nicht sein.

Deswegen ist es klar, dass zwischen Couch und Fenster genügend Abstand sein muss, damit ich mit dem Rollstuhl durchkomme. Und das muss wiederum das Zimmer hergeben.

Die Möbel dürfen für mich als temporären Grobmotoriker auch nicht wackelig sein. Kleine filigrane Schreibtischchen sind nichts für mich. Ich rolle da dran, halte mich daran fest und will mich vielleicht zur Entlastung meines Gesäßes auch mal aufstützen. Je filigraner so ein Teil ist, desto eher kippt es dann um, verschiebt sich oder geht im schlimmsten Fall sogar in die Brüche ...

Sie kennen vielleicht diesen berühmten Sketch von Loriot: Erst hängt nur ein Bild schief und am Schluss ist die ganze Wohnung demoliert. So schnell kann es auch bei mir gehen, wenn die Schwerkraft wieder mal ihre Existenz beweist: Ich versuche noch, die fallende Vase zu halten, und gerate prompt selbst ins Straucheln. Im Nullkommanichts steht das ganze Wohnzimmer auf dem Kopf und ich liege, unsanft gelandet, auf dem Boden.

Möbel müssen also immer stabil sein, damit sie einen festen Stand haben. Dazu ist aber natürlich auch ein entsprechender Boden notwendig, der einerseits glatt und solide, andererseits aber rutschfest sein muss, damit ich mich gut und sicher fortbewegen kann.

Ganz wichtig ist für mich auch das Bett. Es muss die richtige Höhe haben, damit ich mich mit möglichst wenig Kraftaufwand selber hinein- und heraushieven kann. Für mich ist Aufstehen nur bequem möglich, wenn ich leicht und schnell vom Bett in den Rollstuhl komme, wozu das Bett am besten etwa dieselbe Höhe des Rollstuhles haben sollte.
Wer als Mensch mit Behinderung mit einem Standardbett nicht zurecht kommt, der hat übrigens immer die Möglichkeit, mit Hilfe seiner Krankenkasse an ein spezielles zu kommen. Da hat der Reha-Fachhandel einiges zu bieten.
Auch die Sitzgelegenheiten um mich herum sollten statisch so konstruiert sein, dass sie mich gut tragen können. Denn wenn ich mich anziehe, brauche ich einen stabilen Untergrund. Und ganz ehrlich, ich möchte nicht immer im Rollstuhl sitzen, sondern genieße es, mal ein anderes Polster unter meinem Hintern zu haben. Gerade wenn ich mich vor dem Spiegel schick mache, dann ist es ohnehin schöner, dies aus einem tollen Sessel heraus zu tun, als im ewig gleichen Rollstuhl zu sitzen. Aber Vorsicht! Nicht jeder kann so einfach auf einem Sessel sitzen. Wenn ich mich zu weit nach hinten lehne, mache ich ungewollt rückwärts einen Purzelbaum. Weil mir das Beingewicht fehlt, liegt mein Schwerpunkt ein wenig höher, und die Gefahr zu kippen ist dadurch größer.

◆

»My Home is my Castle«. Ja, unbedingt. Aber noch einmal, dieses königliche Wohnumfeld muss ich mir nach meinen Bedürfnissen selber kreieren. Ich bin der König in meinem Reich. Und wenn meine Wohnung entsprechend ausgestattet und alles nach meinem individuellen Handicap ausgerichtet und modelliert ist, ich Hilfen habe wie Rampen, breite Türen oder einen Treppenlift, wenn also alles für mich greifbar und verfügbar ist, sodass ich problemlos danach greifen kann, dann fühle ich mich richtig wohl. Und dann bin ich auch so entspannt, dass ich gerne mal Gäste empfange. Denn auch der Mensch mit Behinderung mag es, seine Freunde um sich zu haben.

◆

Um sich haben – das ist mein letztes Stichwort in Sachen »Wohnen«: Wichtig ist für Menschen mit Behinderung das nachbarschaftliche Umfeld. Ich bin zum Beispiel jemand, der sehr gerne in seinem Garten herumwurschtelt. Vielleicht auch mal ein neues Beet anlegt. Wenn ich nun aus dem Baumarkt komme, mit meinen 5 Säcken Erde im Kofferraum, kann es vorkommen, dass ich meine netten Nachbarn um Hilfe bitte, mir beim Ausladen zu helfen. Das mache ich nicht oft, aber hin und wieder muss auch der Alpha-Mann über seinen Schatten springen. Bis heute hat da zum Glück noch niemand nein gesagt. Wenn jemand bei uns klingelt und ein paar Eier für die Küche braucht, sind wir natürlich auch immer gerne zur Stelle. Es ist ja nicht nur als Mensch mit Behinderung schön und vorteilhaft, zu seinen Nachbarn ein nettes Verhältnis zu haben. Davon können ja alle profitieren. Aber ein Mensch mit Handicap sollte hierauf ganz besonders achten. Hilfsbereite Nachbarn sind für uns Gold wert.

◆

»My home is my castle«, das heißt letztlich nichts anderes als: Ich will mich in meiner Wohnung wohl fühlen wie ein König in seinem Schloss. Und dazu gehört ganz wesentlich: Ich will mich mit meiner Beeinträchtigung nicht ständig behindert fühlen. Das ist schon auf der Straße oft genug der Fall.

Ich fühle mich wohl, wenn meine Bewegungsfreiheit nicht eingeschränkt ist und ich all das tun kann, was ich in meinem Gehäuse tun will. Und zwar mit möglichst wenig Hilfe von anderen. Ich will mir einen Tee kochen können, möchte mir eine Limo aus dem Kühlschrank holen und meiner Süßen etwas kochen, ich will duschen können, wann ich will, und ich will mir ein Jackett aus dem Schrank holen können, wenn ich es brauche und Lust darauf habe. Um das zu erreichen, muss ich ein wenig mehr nachdenken, wenn ich mir eine Wohnung suche. Und ein bisschen mehr Klartext reden. Nicht mehr, aber auch nicht weniger.

KAPITEL 3
Auto

Immer wieder werde ich von heftigen Blasenentzündungen geplagt. Die entstehen vor allem, wenn ich zu wenig trinke. Die Blasenentzündungen sind ein echtes Handicap, denn sie zwingen mich zur Ruhe und einem gewissen Stillstand in meinem Leben. Ich muss dann viel Zeit liegend auf der Couch oder im Bett verbringen, was eigentlich gar nicht meinem Naturell entspricht. Früher noch weniger als heute. Aber seit es mich vor ein paar Monaten für einige Wochen richtig flach gelegt hat, mit Klinikaufenthalt, Operation und allem drum und dran, habe ich das erste Mal seit zwanzig Jahren gelernt, radikal umzudenken und konsequent etwas zu verändern. Es scheint, als bräuchte der Mensch einen Wink mit dem Zaunpfahl, um zu kapieren, dass es so nicht weitergeht. Das war für mich jetzt richtig gut. Wenn man so viel unterwegs ist wie ich und vom Typ her eher unruhig und ungeduldig, dann kann es auch ganz lehrreich sein, sich einer eingeschränkten Mobilität zu stellen. Aber wenn diese Ruhe über zwei Wochen geht, dann erreicht auch meine Meditationsbereitschaft ihre Grenzen – so ganz habe ich meinen Lernprozess noch nicht abgeschlossen ... Ich will aktiv sein. Die Wohnung aufräumen, renovieren, vergnügt und hibbelig sein. »Es reicht jetzt mit dem Herumliegen!«, schimpfe ich dann laut und weiß doch, dass mein Körper die Ruhe, die er mir gerade abfordert, nun mal braucht. Blasenentzündungen bedeuten in der Konsequenz u. a., dass ich weder im Auto noch sonst wo gut sitzen kann. Der Sitzmann liegt flach und trinkt so viel wie reingeht!

Mein Auto, die Fahrten durch die Nacht – diese Kombination hat mir einst das Leben gerettet. Ich brauchte schon immer das Gefühl, beweglich zu sein, und dazu benötige ich, da ich kein eigenes Geh-Gestell mehr habe, wenigstens ein anständiges Fahrgestell unterm Hintern. Doch bei einem erzwungenen Stillstand muss ich akzeptieren, dass sich die Welt auch ohne mich weiter dreht. Ich muss diese Momente nutzen, um zu durchleuchten, was gerade das Wesentliche in meinem Leben ist. Zum Beispiel gesund zu werden. Körperlich und seelisch stabil. Wenn diese Faktoren nicht für sich und miteinander harmonisch sind, dann ist eben Stillstand dran. So schwer es auch fällt.

Bewegung ist dann nur virtuell möglich – mit der Konsole und dem Joystick in den Händen ein Paar Rennrunden fahren –, aber das ist nichts gegen das Gefühl im Bauch, das sich bei mir einstellt, wenn ich real hinter einem schönen Lenkrad sitze. Dennoch: Alles Jammern hilft nichts! Ich brauche meinen Körper und meine Seele in gesundem Zustand, damit ich das machen kann, was mir ein Urtrieb und ein Urvergnügen ist: Auto fahren. Das wiederum hilft mir nach der Ruhephase, wieder mit der Welt in Einklang zu kommen.

Auto fahren ist für mich viel mehr, als nur bequem den Weg von A nach B hinter mich zu bringen. Im Auto zu sitzen und es zu lenken, bedeutet für mich Freiheit, Flexibilität, Bewegung in einem Ausmaß, wie es mir mein Rollstuhl sonst nicht erlaubt. Wenn ich gesund bin, benutze ich den Wagen fast jeden Tag. Egal welches Wetter draußen ist. Selbst der Regen macht mir nichts, denn ich mag es, wenn die Tropfen gegen die Scheibe prasseln. Draußen schüttet es und drinnen ist alles warm und trocken. Zusammen mit meiner Lieblingsmusik ist das ein echtes Vergnügen. Mein ausgelagertes Wohnzimmer auf vier Rädern.

Ich könnte mir im Leben nicht vorstellen, nur mit dem Bus oder der Bahn oder irgendwelchen Fahrdiensten zu fahren, das würde mich wahnsinnig machen. Da ist man immer abhängig von jemand anderem. Entweder kommt der Bus nicht pünktlich oder der Fahrer fährt wie ein Henker oder man kriecht im Schneckentempo durch die Straßen. Ich bin sowieso ein sehr schlechter Beifahrer. Nein, ohne Auto halte ich es nicht aus. Ich will das Gefühl haben, dass ich mich und meine Familie selbst versorgen kann. Und dazu ist ein Auto notwendig.

Das ideale Auto für mich hat im Innenraum viel Platz – für breite Schultern, meinen Rollstuhl und natürlich meine Lieben. Autos sind meine Leidenschaft – und ein schönes Auto, in dem ich mich wohl fühle, ist ein Luxus, den ich mir gönne. Das bin ich mir wert.

Ich habe mir meine Autos immer ausgesucht. Da gab es keine Zufallstreffer. Und die beiden Male, als ich mir Neuwagen geleistet habe, habe ich sie mir nach meinem Geschmack und meinen Bedürfnissen zusammengestellt. Das lohnt sich bei meinen besonderen Anforderungen und Ansprüchen. Autofahren ist für mich ein Genuss für die Sinne – nicht nur das Fahren, sondern auch die Optik, der Klang der Motoren und der Geruch des Leders. Ledersitze liebe ich sogar mehrfach: weil sie sich großartig anfühlen und man auch mal den Rolli drüberziehen kann, ohne dass sie gleich aussehen, als hätten sie schon zwanzig Jahre auf dem Buckel. Einmal drüber gewischt und alles ist wieder in Ordnung.

Meine Autos müssen gepflegt sein. Ich kann es nicht leiden, wenn die Sitze und der Boden vollgebröselt sind. In meinem Wohnzimmer sieht es ja schließlich auch nicht aus wie bei Hempels unterm Sofa. Ich mag es, wenn alles aufgeräumt und sauber ist. Dann bleibt es auch lange schön.

Natürlich muss das Auto auch super fahren. Das Problem ist: Wenn man eine Behinderung hat wie ich, kann man in den seltensten Fällen alle Autos, die einem gefallen, Probe fahren. Als Nichtbehinderter gehst du ins Autohaus und kannst jedes Modell kurz mal auf der Straße ausprobieren. Das funktioniert für Rollstuhlfahrer nicht. Ohne behindertengerechten Umbau geht da gar nichts. Man kann also nur darauf vertrauen, dass man den richtigen Riecher hat und das Auto erwischt, das den eigenen technischen Anforderungen an Motorleistung und Fahreigenschaften entspricht. Das sind für mich wichtige Dinge. Eben weil ich so viel Zeit in den Autos verbringe und weil ich es liebe, die Kraft des Motors zu spüren. Egal ob ich mal Gas gebe oder durch die Nacht cruise.

Mein Auto ist weit mehr als ein Gebrauchsgegenstand für mich. Es ist ein Stück Lebensgefühl. Da, wo ich mein Autochen habe, da bin ich zuhause. Ist mein Auto mal fahruntüchtig, habe ich ein wirkliches Problem. Dann wird mein Leben deutlich komplizierter. Mein Aktionsradius wird stark eingeschränkt und alles muss viel besser organisiert werden. Alltägliche Dinge wie Einkaufen, ins Büro gehen, meine Tochter vom Kindergarten abholen etc. sind ohne Auto mit großem Aufwand verbunden und ich bin dann oft auf Hilfe angewiesen. Und obwohl mich sehr viele liebe Menschen umgeben, die mich jederzeit unterstützen, wenn ich es brauche, ist das kein schönes Gefühl! Ich bin lieber unabhängig und es ist allemal ein Unterschied, ob man sich helfen lassen *will* oder helfen lassen *muss*.
Im vergangenen Jahr gab es eine solche Situation: Mein altes Auto wollte nicht mehr so wie ich. Totalschaden im Motor. Und das neue war zwar schon bestellt, aber noch nicht da. Das war wirklich eine Katastrophe. Gott sei Dank hatte ich noch meinen Super Seven, auf den ich zurückgreifen konnte. Aber der Super Seven ist bei allem Luxus, den ich mir gönne, kein alltagstaugliches Fahrzeug. Bei Wind und Wetter ohne Verdeck – das ist nicht lustig. Ganz zu schweigen davon, dass er keinen wirklichen Kofferraum hat und Kindersitz und Rollstuhl viel komplizierter zu verstauen sind.

◆

Für mich natürlich auch existenziell wichtig sind die Orte, wo ich mein Auto »unterbringen« kann. Wenn ich irgendwo hinfahre, dann informiere ich mich im Vorfeld immer, wo der Behindertenparkplatz ist, der meinem Ziel am nächsten liegt. Für den ein oder anderen vielleicht eher Luxus, für mich aber ebenfalls Grundvoraussetzung, um ein Auto zu haben: meine Garage. Nicht nur, weil ich gern ein sauberes Auto habe!

Es geht hier nicht um Snobismus. Im Winter wäre beispielsweise mein zugeschneites oder vereistes Auto für mich völlig nutzlos, weil ich die Scheiben wegen meines Handicaps nicht selbst frei kratzen kann. Deswegen habe ich mich und meine Wohnsituation so organisiert, dass ich eine Tiefgarage habe, in die ich direkt von meiner Wohnung mit dem Fahrstuhl fahren kann. Vor einigen Jahren musste ich vorübergehend in eine Wohnung ohne Garage ziehen. Da habe ich am eigenen Leib erfahren, was es heißt, im Winter keine Garage oder Standheizung zu haben. Auf diese Situation muss man sich einstellen und so viel wie möglich bei schönem Wetter erledigen. Wirklich mobil und flexibel, wie man es durch ein Auto ja generell sein sollte, ist man dann aber nicht.

◆

Noch weniger ist das im Ausland der Fall. Dort kann ich in den wenigsten Fällen selbst Auto fahren. Umgerüstete Mietwagen gibt es selten. In einigen deutschen Großstädten hingegen haben ein paar Mietwagenfirmen entsprechende Autos im Angebot. Warum das Angebot aber immer noch so spärlich ist, vermag ich nicht einzuschätzen. Es gäbe sicher viele Rollstuhlfahrer, die eine solche Möglichkeit nutzen würden. Ich werde das auf jeden Fall bei der nächsten Gelegenheit einmal ausprobieren, wenn ich mit dem Flugzeug nach Berlin oder Hamburg unterwegs bin und mein Auto zu Hause stehen lasse.

Aber wie gesagt: Im Ausland ist es sehr schwierig bis unmöglich, solch ein Auto zu bekommen. Da ist oft schnell Schluss mit der Selbstständigkeit. Hinter der Grenze beginnen dann die Grenzen für mich. Daher meine Bitte an die Autovermieter: Habt behinderte Menschen mit im Blick. Wenn man gern selbst mobil ist, sind Taxen nämlich keine wirkliche Alternative. Wie oft habe ich schon erlebt, dass ein Taxifahrer so fuhr, dass mir bereits nach 50 Metern schlecht wurde. Ich bin da zugegebenermaßen ein wenig empfindlich und tue mich schwer, einen anderen Fahrstil als den meinen zu akzeptieren. Aber die meisten Menschen machen sich kein Bild davon, wie es einem geht, wenn man als behinderter und doch gern selbstständiger Mensch auf einem Beifahrersitz sitzt. Man hat mitunter viel weniger Halt und wird regelrecht durchgeschüttelt.

Einmal musste ich mit einem Fahrer von Köln nach Darmstadt gebracht werden. Ich kam gerade aus dem Schokoladenmuseum und hatte dort bestimmt zwei Kilo Schokolade gekauft. Auf der Fahrt habe ich dann reichlich davon gefuttert, weil ich dachte, wenn ich etwas esse und mich damit beschäftige, meinen Bauch zu füllen, dann ginge es mir besser. Nach der Fahrt bin ich ausgestiegen, und hätte ich noch Knie gehabt, hätten die mir nur so geschlottert und wären weich geworden. Ich war käseweiß im Gesicht, aber weil der Fahrer ein ganz goldiger Opa war und wir uns super unterhielten, habe ich mich nicht bei ihm beschwert. Trotzdem war mir so hundeelend wie selten. Und das lag sicher nicht an der Schokolade.

Solche Taxi-Katastrophen habe ich leider mehrfach erlebt, und deswegen fahre ich lieber mit Freunden oder meiner Liebsten Annika. Deren Fahrstil kenne ich, auch wenn es nicht meiner und damit eben doch nicht optimal ist. Außerdem nehmen die mich immer mit, was Taxis manchmal nicht tun. Ein, zwei Mal ist es mindestens schon passiert, dass ein Taxifahrer einfach vorbeifuhr, weil er wohl keinen Menschen mit Behinderung mitnehmen wollte. Das Auto war zumindest leer. Wahrscheinlich konnte er sich nicht vorstellen, dass man auch zügig und ohne großes Tamtam ins Auto einsteigen kann. Unflexibel war in diesem Moment allerdings nur er!

Wenn ich ein Taxi *bestelle*, springt der Fahrer fast immer gleich heraus, um mir zu helfen. Merkwürdigerweise wollen sie mich auch immer hinten einsteigen lassen. Ich will aber lieber vorne sitzen, weil mir hinten noch schneller übel wird. Einmal fuhr mich ein Taxifahrer zu einer NDR-Sendung ins Studio. Er machte dabei einen extrem depressiven Eindruck und wollte gar nicht glauben, dass ich mit Handicap dennoch fröhlich und zufrieden bin. Später, in der Sendung, habe ich ihn dann übers Fernsehen gegrüßt und gehofft, ihn etwas aufmuntern zu können. Ich würde darauf wetten, dass er zugeschaut hat.

◆

Vielleicht wäre Taxifahrer auch ein guter Beruf für mich gewesen. Leute herumfahren und ins Gespräch kommen, das könnte ich mir auch jetzt noch gut vorstellen. Aber ich könnte mit meiner Behinderung nicht jedes Mal aussteigen und die Koffer verstauen. Meine Fahrgäste müssten sich dann allein mit dem Gepäck abquälen. Wirklich schade. Das ist ja keine vollendete Dienstleistung. Außerdem könnte ich auch gar nicht den ganzen Tag im Auto sitzen. Ich vergesse immer wieder, dass langes Sitzen mir nicht gut tut. Ich wäre bald bloß eine einzige Blasenentzündung am Steuer. Und ob ich das Auto unterm Hintern hätte, das mir gefallen würde?
Aber ein bisschen träumen ist doch erlaubt, oder? Einen Versuch wäre es sicher wert. Spannend, was einem die Füßler im Taxi so erzählen könnten. Lebensgeschichten, Schicksale, Liebesgeschichten und vom Schwimmen im Meer ...

KAPITEL 4
Sport

Vor meinem Unfall habe ich Basketball gespielt. Bei einer Körpergröße von 2.04 m war dieser Sport auch ziemlich naheliegend. Und ich habe unheimlich gern Eishockey gespielt. Ich war schon immer ein hibbeliger und unruhiger Geist. Sport stand zu jeder Zeit im Mittelpunkt meines Lebens und das sollte sich auch nach meinem Unfall nicht ändern. Obwohl es natürlich schwer ist, wenn man von jetzt auf gleich auf die Hälfte schrumpft. Es gibt auch Basketball im Rollstuhl, aber damit konnte ich mich nicht anfreunden. Das wäre kein ausreichender Ersatz für die Bewegung gewesen, die mir in meiner Kindheit und Jugend, gemeinsam mit meinen Brüdern und Freunden, so viel Spaß gebracht hat. Neben dem Sport auch dieses Rumtollen und Rumtoben. Wenn man sich bewegt, dann bewegt sich auch richtig was. Ob das jetzt der Ball ist, oder du selbst. Man kommt mit eigener Kraft schnell vom Fleck, das hat uns immer angespornt. Daneben, das weiß man ja heute aus der Hirnforschung, regt die Bewegung auch Gehirnregionen an. Wer sich mit dem Körper bewegt, ist auch im Hirn flexibel. Vielleicht ist das der Grund, warum Menschen, die einen Unfall hatten, insgesamt unbeweglicher werden.

Dass ich darüber nachdenke, hat mit einer Lesung in einer Schule zu tun. Ich war angefragt worden, um über mein Leben und den Sport zu sprechen. Jugendliche bringen erst einmal Sport und Rollstuhl nicht zusammen. Für Jugendliche ist alles aus, wenn sie an den Rollstuhl denken. Deswegen werde ich oft eingeladen, damit ich zeigen kann, dass Menschen im

Rollstuhl keine Zombies sind, sondern Menschen, mit denen man sich messen kann. Auch sportlich. Sehr gern können ganze Klassen gegen mich mit dem Rad antreten. Ich bin zu jedem sportlichen Wettstreit bereit. Aber deswegen reise ich heute nicht in die Pfalz, zu dieser Klasse von 14-Jährigen, die sicher sonst sehr aufgekratzt sind, und die sich jetzt wohl überlegen, wie der so ist, der Typ ohne Beine, der nachher kommt, um über sein Buch und den Sport zu reden. Fast kann ich die Mädchen sehen, die sich mit einer erschrockenen Geste die Hand vor den Mund halten. Und die Jungs, die unter dem Brillenrand nach meinen Beinen schielen und der Region, mit der man Kinder zeugt. Ich habe auch ein Foto von Emely dabei, damit klar ist, dass außer Sport auch noch einiges mehr geht.

Als ich in dem Alter war, bin ich oft Samstagmorgens – trotz schulfrei! – um 5.30 Uhr aufgestanden, um mit einem der ersten Busse zur 15 Kilometer entfernten Eishalle zu fahren. Ich wollte der Erste sein, wenn die Halle um 7 Uhr öffnet und das Eis noch jungfräulich und unberührt ist. Diese glatte Fläche, auf der meine Kufen ihre Muster und Linien zogen, die wollte ich ganz für mich haben. Ich wollte meine Spuren hinterlassen und dafür nahm ich das frühe Aufstehen gern in Kauf. Und natürlich lief in der Halle immer auch Musik. Dirty Dancing und was man so Ende der 80er-, Anfang der 90er-Jahre hörte. An diese Eislaufphase habe ich schöne Erinnerungen. Wenn ich das in den Schulen erzähle, sind die Jugendlichen immer sehr erstaunt. Sie können das kaum begreifen: so früh aufstehen, nur um Sport zu machen! Klar, die Zeiten waren anders. Fitnesstempel, die beinahe rund um die Uhr geöffnet haben, gab es noch nicht. Es gab Vereine und Freibäder, die noch nicht von der Schließung betroffen waren. Wenn man Sport machte, dann kam man oft ins Gespräch. Ich sowieso, denn ich wollte lernen und von den Besseren profitieren. In der Eishalle beobachtete ich zum Beispiel immer einen, der so richtig toll fahren konnte. Ich schätze mal, der war aus der Eishockey-Mannschaft. Der konnte bremsen, indem er die Schlittschuhe quer stellte, sodass es eine Eisfontäne von 2 Metern Höhe gab, die dann nicht selten süße Mädchen einhüllte, die natürlich gerade zufällig vorbei fuhren. Das war unglaublich! Aber ich habe das leider nie hingekriegt. Manchmal zeigte er mir einen Schritt, aber ganz ehrlich: Ich habe mehr abgeschaut als abgefragt. Eislaufen, Rennen, Tischtennis, Fahrrad fahren – Sport hat mir immer viel Spaß gemacht. Es ist gesellig, wenn man mit anderen rumrangelt. Und dann packt einen der Ehrgeiz; man will schauen, wer hier auf dem Feld der Beste ist. Sport ist für mich pure Action. Auch heute noch!

»Ein Mensch mit Behinderung kann genauso gesund und krank sein wie ein nicht-behinderter Mensch. Das will aber irgendwie nicht in die Köpfe der Leute hinein. Behinderung wird immer noch als in erster Linie medizinisches Problem angesehen, nicht als gesellschaftliches«, schreibt die Rollifahrerin Christiane Link in ihrem Blog *Behindertenparkplatz* und diskutiert hier die sportliche Karriere sowie die gesellschaftlichen Einschränkungen des Sprint-Weltrekordhalters Oscar Leonard Carl Pistorius aus Südafrika, auch »fastest man on no legs« genannt. Oscar Pistorius fehlten durch einen Gendefekt die Wadenbeine und die äußeren Seiten der Füße. Im Alter von elf Monaten wurden ihm die Beine unterhalb der Knie amputiert. Durch speziell für ihn angefertigte Prothesen ist er in der Lage zu laufen und nimmt sogar an Sprintwettbewerben für Nicht-Behinderte teil – wie 2012 bei den Olympischen Spielen in London.

Dies veranlasste den Deutschen Leichtathletik-Verband jedoch zu großer Sorge um die »Natürlichkeit« des Sports.

In Großbritannien sehe man das allerdings ganz anders, schreibt Christiane Link weiter, im *Telegraph* werde Pistorius als »sportlicher Held« gefeiert. In Großbritannien bezeichnet übrigens auch kein Nachrichtensprecher nicht-behinderte Sportler als »gesund«; hier liegt der Wahrnehmungs- und Bewertungsschwerpunkt eindeutig auf den gesellschaftlichen, nicht auf den physischen Auswirkungen einer Behinderung. Clemens Prokop, der Präsident des Deutschen Leichtathletik-Verbandes (DLV), wird von *stern.de* wie folgt zitiert: »Bei aller Wertschätzung für Pistorius, aber durch seinen Start verliert die Leichtathletik ihre Identität. Leistung ist nicht mehr die Summe aus Talent und Training.« Die IAAF, der Dachverband aller nationalen Sportverbände für Leichtathletik, entschied auf Grundlage eines unvollständigen Gutachtens, angefertigt vom Biomechanik-Professor Gert-Peter Brüggemann von der Sporthochschule Köln, dass Pistorius an den Olympischen Spielen 2008 in Peking nicht teilnehmen dürfe. Der Internationale Sportgerichtshof CAS hob jedoch am 16. Mai 2008 die Entscheidung auf, da in der Studie lediglich die unbestrittenen läuferischen Vorteile Pistorius' umfassend dargelegt werden, während dessen Nachteile in anderen Aspekten des Laufes – Umwelteinflüsse, Kurvenverhalten, Startmechanik – unzureichend berücksichtigt wurden. Zugleich betonte der CAS jedoch, dass es sich bei dieser Entscheidung zugunsten von Pistorius um eine ausdrückliche Einzelfallentscheidung handele, aus der kein automatischer Anspruch für vergleichbare zukünftige Fälle abzuleiten sei. Pistorius wäre also für die Spiele startberechtigt gewesen, doch blieben ihm nach dieser späten Entscheidung nur sechs Wochen Vorbereitungszeit für die Spiele. Er verfehlte die Norm sowohl für die 400-Meter-Strecke als auch für die Staffel.

Als ich meine Beine verlor, da machte Sport erst einmal keinen Spaß mehr, weil ich am Anfang den Rollstuhl nicht richtig bedienen konnte. Ich konnte damit noch nicht schnell und wendig umgehen, geschweige denn den Alltag adäquat bewältigen. Deswegen war Rollstuhl-Basketball keine wirkliche Alternative. Der Korb war auch viel zu weit weg von da unten. Da hatte ich dann erst recht keine Lust. Das habe ich ein paar Mal gemacht, bin einmal ordentlich hingeflogen, und dann war mir das auch, glaube ich, damals einfach zu klischeehaft. Damals haben das viele Rollstuhlfahrer gespielt, auch im Reha-Zentrum. Und da mir das Zentrum generell nicht gefiel, versuchte ich mich hier eher abzugrenzen. Sport verbindet, Sport hält dich fit, macht den Geist frei. Bewegung war immer ein Teil meines Lebens. Aber nicht so.

Irgendwann entdeckte ich das Handbike für mich und kaufte mir eine Version – ich glaube, es gab damals sogar schon einen Krankenkassenzuschuss –, die man vorne an den Rollstuhl adaptieren kann. Mit dem Rad bin ich dann auch schon ein bisschen weitere Strecken gefahren. Anfänglich 10 bis 15 km. Das war für mich am Anfang noch viel ...

Bald fuhr ich auch auf eigene Faust in die Stadt – von Eberstadt nach Darmstadt –, obwohl ich hin und wieder Angst hatte, vielleicht nicht zurück zu kommen. Diese ersten Wege allein mit dem Handbike waren der Startschuss für meine selbst erarbeitete Mobilität.

Ich hatte nicht damit gerechnet, dass der Sport in meinem Leben nach dem Unfall wieder eine solche Bedeutung einnehmen würde. Ich ahnte zwar, dass etwas in mein Leben tritt, das mir viel Spaß bereitet. Aber Ideen oder eine konkrete Vorstellung hatte ich in der ersten Zeit noch nicht. Da war eher der Weg das Ziel.

Irgendwann war ich mal auf dem Hockenheim-Ring – damals noch mit alter Streckenführung; die ging kerzengrade durch den Wald. Auf dieser Trasse konnten die Rennwagen bis zu 300 km/h fahren. Und es gab eine Handbike-Gruppe, die dort regelmäßig trainierte. Hier bin ich dann mal mitgefahren und hatte zum ersten Mal ein Liegerad unter mir. Das hatte ich mir vor Ort ausgeliehen. Als die anderen Fahrer mich damit sahen, meinten sie sofort: »Hey, das ist doch genau der Sport für dich! Du bist zwar amputiert, aber das sind super Voraussetzungen für diesen Sport.« Das war der Moment, in dem ich *meinen* Sport fand.

»Also waren Sie jetzt motiviert?«, fragte mich dazu mal eine Schülerin.

»Ja und nein«, habe ich ihr damals geantwortet, denn klar, es ist motivierend, wenn man sieht, dass auch andere, die ein Handicap haben, Sport treiben und dabei voll und ganz darin aufgehen. Das ist etwas anderes als Reha. Viel persönlicher – und gleichzeitig doch auch öffentlich, eben wie der Hockenheim-Ring. Wenn es öffentlich ist, dann misst du dich mit allen, denn alle schauen dir zu. Es gibt keinen Behindertenbonus. Es gibt entweder ein »Yes!!!« oder ein »No«.

Ich wollte auf jeden Fall das YES! Und ich wollte auf keinen Fall den Behindertenbonus und keine süßliche Motivation, die von einer Krankengymnastin oder Bewegungstherapeutin kommt: »Prima! Das machen Sie schon ganz gut, Herr Sitzmann! Jetzt versuchen wir es noch ein kleines bisschen schneller ... wenn es geht! Machen Sie nur so schnell, wie Sie können, und überfordern Sie sich nicht.«

Von wegen! Ich *wollte* mich überfordern – und ich wollte nicht, dass mir jemand vor der Nase rumfährt. Dass die Jungs schneller waren als ich, durchtrainierter und selbstbewusster, das war mein Ansporn und meine Motivation. Dass ich an-

fangs hinterherhinkte, ging mir ganz schön gegen den Strich. Ich war angefixt! Also habe ich mir relativ zügig ein eigenes Fahrrad organisiert, es auf meine Maße und Bedürfnisse abgestimmt und angefangen, regelmäßig zu trainieren. Mein erstes Ziel war der Heidelberg-Marathon.
Natürlich gibt es auch für Rollifahrer mit Sportkarriere Verbände. Manche dieser Verbände existieren schon über 75 Jahre, weil Behinderung eben kein Phänomen der Neuzeit ist, sondern weil es das schon immer gab. Der Deutsche Rollstuhl Sportverband hat zum Beispiel über 6.500 sporttreibende Mitglieder, die in mehr als 270 Vereinen organisiert sind. Und natürlich gibt es spezielle Trainer und Förderungen.
Ich habe aber diese Unterstützungen nie in Anspruch genommen, weil die oft so lächerlich bescheiden waren. Auch mit der Deutschen Sporthilfe konnte ich nichts anfangen. Es ist ja schon ein Wunder, dass du zur Olympia-Teilnahme nichts selbst dazuzahlen musst. Und selbst das war mal anders.
Mit der Zeit lernte ich viele Fahrer kennen, die noch eingeschränkter lebten als ich und die dennoch sportlich aktiv waren. Das hat mich darin bestärkt, mich zu fordern. So wie ich auch heute andere Menschen fordere, wenn ich rufe »Hintern hoch!« – und das meine ich durchaus auch emotional und nicht nur, wenn es um sportliche Themen geht.

◆

Behinderung verarbeiten heißt auch, die Behinderung zu akzeptieren. Tatsache ist: Man muss damit klar kommen, dass einen die Leute anglotzen. Und das kann man nunmal nur, wenn man sein Schicksal verarbeitet und akzeptiert hat.
Mich hat das anfangs selbst große Überwindung gekostet; vor allem im Schwimmbad, wenn es galt, ohne Beine zu schwimmen. Das musste ich einige Male üben und mir wäre es si-

cher leichter gefallen, hätte ich dabei nicht die ganze Zeit das Gefühl gehabt, unter »Beobachtung« der anderen Badegäste zu stehen. Obwohl die in Wahrheit viel lieber sehen wollen, wie du vom Rolli ins Becken und wieder raus kommst. Das ist es, was die Leute interessiert. Nicht wie du schwimmst, sondern wie du es schaffst, von deiner Karre da ins Wasser zu kommen. Mittlerweile kann ich da allerdings keine große Showeinlage mehr bieten, weil ich den Schwung längst drauf habe. Deswegen macht es mir inzwischen auch nichts mehr aus, schwimmen zu gehen. Übung macht den Meister – nicht nur beim Schwimmen an sich, sondern auch, was das »dicke Fell« angeht, das Menschen mit Behinderung auch dazu brauchen.

◆

Mein erstes großes sportliches Erfolgserlebnis war tatsächlich der Heidelberg-Marathon. Hier landete ich auf Platz 20 – und war unglaublich stolz. Aber doch nicht ganz zufrieden, denn noch gab es einige, die besser waren als ich, und das entfachte meinen Ehrgeiz. Ich wurde professioneller und absolvierte über den ganzen Winter ein seriöses, aber stinklangweiliges Rollentraining.

An regnerischen Herbst- und kalten Wintertagen baute ich mein Trainingsequipment, damit es nicht all zu langweilig wurde, immer vor dem Fernseher auf. Es kam nicht darauf an, was grade lief, sondern nur auf die Tatsache, dass ich abgelenkt wurde. So biss ich mich monatelang durch und sollte schon bald feststellen, dass das harte Training sich lohnte – beim Gutenberg-Marathon in Mainz, einem Halbmarathon.

Am großen Tag standen meine Großeltern an der Strecke, feuerten mich an und jubelten mir zu, als ich nach 22 Kilometern als sechster mit einer recht passablen Zeit im Ziel eintraf. Der damalige Bundestrainer, der den Lauf verfolgte, wurde auf mich aufmerksam und nur kurze Zeit später konnte ich stolz meinen Freunden vom Hockenheim-Ring berichten: »Ich trainiere jetzt für die deutschen Meisterschaften.« Endlich hatte ich ein richtiges Ziel vor Augen, für das ich richtig Gas geben wollte. Und dafür hing ich von nun an noch öfter auf meinem Fahrrad, drehte auf dem Hockenheim-Ring meine Runden und war den anderen Jungs immer häufiger voraus.

Das kam natürlich nicht vom Däumchendrehen, sondern von meinem Kampfeswillen. Jeden Tag war ich damals mit dem Rad unterwegs, von Heddesheim ab hoch zum Heidelberger Schloss.

Zwischen Start und Etappenziel, dem Schloss, lag ein steiler Berg, der die Sache ganz schön anstrengend machte. Die Aussicht ins Neckartal war es aber allemal wert und jeder Kilometer ging ungefiltert als Kraft in meinen Körper und Geist über. So konnte ich durchhalten und fuhr dann als Geheimtipp im Sommer 2002 zur deutschen Meisterschaft. Im Einzelzeitfahren landete ich auf Platz zwei und im Straßenrennen, das meine Paradedisziplin war, gewann ich sogar Gold!

Danach war ich so motiviert, dass ich gleich das nächste Ziel ins Auge fasste: die Weltmeisterschaft im Spätsommer 2002 in Altenstadt. Dafür wurde dann noch einmal zwei Monate hart trainiert. Jeden Tag, bei Wind und Wetter. Selbst bei strömendem Regen und Gewitter radelte ich zum Heidelberger Schloss. Anschließend kam ich immer völlig erschöpft, aber glücklich, zuhause an und stellte mein Fahrrad gleich mit mir unter die Dusche, weil wir beide voller Dreck und Sand waren. Der Trainingsaufwand war enorm und sehr zeitintensiv, sollte sich aber auszahlen: Bei der WM fuhr ich die Silbermedaille ein.

Bei diesem Rennen lieferte ich mir ein spannendes Kopf-an-Kopf-Duell mit Hans Maierhofer. Hans ist auch doppelseitig amputiert. Nach dem fliegenden Start preschten wir als »Amputierten-Gespann« vorne weg, ich weiß nicht mehr, wie viele Kilometer es damals waren, aber es waren 13 Runden auf einem Stadtkurs, der immer wieder kurz raus aus der Stadt und wieder hinein führte, mit kleinen Steigungen und leichtem Gefälle zwischendurch. Unser Topspeed lag bei rund 48 km/h. Wir haben das ganze Ding mit einer Durchschnittsgeschwindigkeit von fast 39 km/h durchgezogen. Immer im Wechsel, mal der eine vorne, mal der andere, sodass der Hintere sich im Windschatten des Vordermanns mal ausruhen konnte. Meine Eltern und Großeltern spornten mich immer wieder ordentlich von der Seite an und waren alle völlig aufgelöst, weil jede Runde ein anderer von uns beiden vorne war. Es war ein unglaubliches Rennen.

◆

Durch die Erfolge bekam der Sport für mich etwas Befreiendes, die Seele Reinigendes. Beim Fahren konnte ich völlig abschalten. Ich war nur noch auf die Maschine, meinen Körper, auf diese Strecke und auf die immer wiederkehrenden rotierenden Bewegungen fixiert und konzentriert. So ist es bis heute geblieben.

Sport kann mich in eine Art Trance versetzen. Du musst nicht quatschen. Hast Zeit für dich. Du spürst deinen Körper und bewegst dich schnell mit deiner eigenen Kraft vorwärts. Du kannst regelrecht spüren, wie dein Selbstwertgefühl gestärkt wird, wie dein Selbstbewusstsein wächst. Und plötzlich stehst du auf dem Treppchen, die Zuschauer feiern dich und du hast eine Silbermedaille in der Hand. Das ist ein umwerfender Moment, den man nie mehr vergisst und von dem man zehrt, wenn das Leben gerade mal nicht so läuft, wie man sich das wünscht. Man kann immer und jederzeit darauf zugreifen.

Natürlich ist Sport auch schlicht aus gesundheitlichen Gründen wichtig. Mit Beinen, ohne Beine, mit Armen, ohne Arme, sehend, blind, gehörlos oder mit Gehör – jeder Mensch sollte seinen Körper fit halten. Und je mehr er von vornherein eingeschränkt ist, desto notwendiger ist die Unterstützung von außen.

Für mich gewann der Sport mehr und mehr an Bedeutung. Neben der gewonnenen Fitness, der Beweglichkeit und den Muskeln, die mir bei der Bewältigung meines Alltags helfen, brachte er mich auch mental weiter. Denn wer an verschiedenen Rennen mit wechselnden Bedingungen teilnimmt, der lernt automatisch, sich immer wieder auf neue Situationen einzustellen. Außerdem entwickelt man durch die Grenzerfahrungen, die man sammelt, wenn man sich bis zum Exzess quält, die Fähigkeit, sich auch in Ausnahmesituationen richtig einschätzen zu können. Durchhaltevermögen, Willensstärke, Entscheidungsfreudigkeit – all dies sind Dinge, die du bei solchen Rennen immer wieder abrufen musst und die du so in dir verfestigst, dass sie dir schließlich ständig, auch im Alltag, zur Seite stehen.
Auch dein Umgang mit »Gaffern« verändert sich. Bei Rennen ist man letztendlich ohnehin eine One Man-Show. Du fährst zwar mit anderen zusammen, vielleicht hast du auch ein Team, aber schlussendlich willst du den Preis allein nach Hause bringen – und dabei schauen dir viele Leute zu. Das prägt! Und diese Erfahrungen sind übertragbar.

◆

Behindertensport hat mit Sicherheit einen integrativen Charakter, aber auch gerade die Einzelkämpferei kann das lockende Element sein. Jeder Mensch hat seine persönlichen Motive. Auch jeder Mensch mit Handicap. Ich empfinde es als Schubladendenken, wenn man glaubt zu wissen, was *Behinderten* gut tut. Mir gefällt daran das Wort schon nicht. Man sagt ja auch nicht, das und das tut *Menschen* gut, denn was für den einen passt, kann für den anderen lästig oder schädlich sein.
Es kommt also auch beim Behindertensport auf den eigenen Typ an. Manche fühlen sich in der eigenen »Randgruppe« wohler als da »draußen« unter den »anderen«. Andere, so wie

ich, bevorzugen die gesunde »Mischung«. Ich bin zum Beispiel sehr gern mit Fußgängern zusammen und mache mit ihnen Sport. Das ist für mich dann eine besondere Herausforderung, mich hierbei zu behaupten.
Ja, ich mache Sport mit nicht-behinderten Menschen, aber ist der Behindertensport an sich ein Teil der Gesellschaft? Meiner Meinung nach nicht! Schauen wir uns doch nur in den Medien um: Es gibt viel zu wenig Sportler mit Behinderung, die mit ihren Medaillen in der Öffentlichkeit stehen, aufklären, Berührungsängste abbauen. Einfach ansprechbar sind und natürlich auf Fragen antworten. Aber sie werden ja auch selten gefragt ...
Mal ehrlich, wissen Sie, welcher Handbiker im Jahre 2004 Olympiasieger in der Klasse »Straßenrennen« in Athen war? Oder wie der bekannteste Rennrollstuhlfahrer der Welt heißt? Welche Handbikerin bei den Olympischen Spielen in London 2012 die Goldmedaille im Straßenrennen gewann?
Wenn Sie die Antworten auf diese Fragen nicht kennen, liegt das nicht nur an Ihrer Allgemeinbildung, sondern auch daran, dass behinderte Sportler keine Werbeverträge bekommen, wie sie ein Lukas Podolski bekommt, oder ein Philipp Lahm. Gibt es nicht. Und das liegt sicher nicht an mangelnder Fotogenität oder an ihren sportlichen Leistungen. Nur können sie eben nicht laufen ...
Da muss noch viel getan werden. Da fehlt etwas. Vielleicht fehlen uns einfach generell ein paar Menschen mit Behinderung mit Vorbildfunktion – in öffentlichen Ämtern und im öffentlichen Wahrnehmungsbereich. Der Finanzminister sitzt im Rollstuhl, ja. Er ist das prominenteste »Opfer« in unserem Land und ich habe großen Respekt davor, wie er seine Arbeit und sein Leben gestaltet. Aber er ist kein Leuchtturm für »unsere« Sache. Ohne Frage lässt er sich nicht hängen, man sieht

ihn immer wieder im Fernsehen und bei Pressekonferenzen. Aber das reicht nicht, aus meiner Sicht. Er müsste sich vielmehr die Inklusion auf seine Fahne schreiben und auch aktiv dabei sein. Er müsste auf Behindertensportfesten auftreten, nach Athen oder London fliegen, wenn dort die Paralympics ausgetragen werden. Er müsste sich eben dafür interessieren. Mit seinen Kontakten und seinem Einfluss hätte er ganz andere Möglichkeiten, um Inklusion und den Behindertensport voranzutreiben, als die meisten Menschen in unserem Land. Für ihn wäre es ein Leichtes, einen Lobbyismus für Menschen mit Behinderung zu betreiben und zu pflegen.

Um die Paralympics in London ist das mediale Interesse für Behindertensport kurzzeitig tatsächlich etwas gewachsen. Das ist auch gut so, denn nicht nur der Sport, auch die Menschen können anderen viel geben. Das alles ist doch nicht nur sportlich, sondern auch menschlich interessant. Wer hat schon eine Vorstellung davon, welche gewaltigen Hindernisse die antretenden Leistungssportler überwinden mussten, bis sie es hierher geschafft haben? Aus solchen Geschichten können wir doch alle etwas für uns ziehen! Und die wären medial bestimmt spitzenmäßig zu vermarkten.

Es muss dringend umgedacht werden und ein paar originelle TV-Formate müssen her, um Vorurteile abzubauen. Warum kann man nicht einer Rollifahrerin montags bis freitags eine Talkshow geben? Eine, die clever ist und gute Fragen stellt, Ausstrahlung und Grips hat. Warum geht das nicht? Die will ich sehen, damit die Vielfalt der Welt nicht nur *vorhanden* ist, sondern auch *sichtbar wird*. Ich bin mir sicher, dass in dieser Hinsicht sehr viel möglich ist.

Stefan Raab könnte zum Beispiel mal eine Wok-WM für Behinderte veranstalten. Das wäre doch super und ich wäre gleich mit dabei. Mit 100 Sachen durch den Eiskanal düsen

– das ist ganz nach meinem Geschmack. Gerade solche Leute, die verrückte Shows konzipieren, können Leistungssportlern mit Behinderung Türen in die Wohnzimmer der Menschen öffnen. Vielleicht befindet sich ja unter meinen Lesern jemand, der sich dieser Idee annimmt. Ich stünde jedenfalls zu allen »Schandtaten« bereit. Ja, lieber Herr Raab, ich schlag Sie gern, auch wenn sie der Spezies der Fußgänger angehören und ich nicht.

◆

Zugegeben: Vor 15 Jahren hätte ich das noch nicht gesagt. Wenn ein Unfall passiert, dann braucht die Seele Zeit, bis sie sich von dem Schock erholt. Sport hat mir geholfen. Aber es war zunächst Sport, der Gleiches, oder besser *Gleiche*, miteinander verbindet. Eine künstliche Sphäre, in der sich Rollifahrer und Fußgänger kameradschaftlich auf die Schulter klopfen, weil sie es sich in einem Verband oder Verein vorgenommen haben, hätte ich in der ersten Zeit wohl kaum ertragen. Das kam erst später, als ich mich damit arrangiert hatte, dass ich nicht mehr Basketball spielen kann. Oder Eislaufen.
Man entwickelt sich weiter und irgendwann hat man sich selbst so viele Alternativen geschaffen, dass man die morgendlichen Runden im Eishockey-Stadion nicht mal mehr vermisst. Ich denke gern an die Zeit zurück und weiß auch noch ganz genau, wenn ich die Augen schließe, wie es sich anfühlt, über das Eis zu gleiten. Wie sich Gras unter den Füßen anfühlt – oder Sand, wenn man die Zehen reinschiebt. Das alles weiß ich noch, aber es würde mir nichts bringen, wenn ich es vermissen würde, weil ich diesen Zustand nie wieder herstellen kann. So bleiben es schöne Erinnerungen, die ich aber zum Beispiel mit Emely teilen kann.
Auch das gehört zum Verarbeiten dazu. Man darf nicht dem alten Zustand nachtrauern, sondern muss sich ganz auf den

neuen einlassen. Wenn man das nicht will und nicht tut, wird einen die Trauer darüber immer wieder einholen. Man muss das Thema abschließen. Es abschließen, um das Neue zu beginnen. Um das zu schaffen, ist oft viel Geduld nötig, aber man kann es schaffen.

◆

Auch um dies zu vermitteln, werde ich in Schulen eingeladen. Ich kann viel mehr erzählen als nur die Tatsache, wie man mit dem Handbike Runden dreht. Ich erzähle meine Geschichte, mein Leben. Wie es ist, ohne Beine aufzuwachen, und wie man trotz dieses Schicksalsschlages nicht die Hoffnung verliert. In dem Moment, in dem ich den Sport in mein behindertes Leben ließ, wuchs nicht nur mein Selbstbewusstsein! Auch mein Körper modellierte sich Stück für Stück auf eine Weise, dass ich mich wieder ansehen mochte. Ich bekam muskulöse Arme und fühlte mich unheimlich stark und unzerbrechlich! Wenn du dich so fühlst, dann ist es nicht wichtig, ob du Beine hast oder nicht. Der Sport half mir zu zeigen, dass ich alles machen kann. Du kannst mit mir in Urlaub fahren, du kannst mit mir Skifahren gehen oder Wasserski, mit mir Schwimmen gehen und mit mir Tennis spielen, wenn du magst.
All dies erkläre ich den Schülern. Denn jedes Leben hat seine individuellen Behinderungen und Schwellen, ob das nun schulisches Versagen, Arbeitslosigkeit, das Studium, das du dir hart erarbeiten musst, die Frau, die du nicht eroberst, fehlende Füße oder Hühneraugen sind. Jeder Mensch hat Einschränkungen und Verletzungen. Sich zu akzeptieren, herauszufordern und selbst im Kampf zu erfahren, bringt einen weiter. Der innere Schweinehund bist du selbst – worauf es ankommt, ist, ihn zu überwinden.

KAPITEL 5
Arbeit

Nachdem ich die Krankenhauszeit beendet hatte, war es mir wichtig, etwas zu tun, gebraucht zu werden. Ich wollte etwas lernen, in jedem Fall einer Arbeit nachgehen.
Für mich bedeutete dies, dass ich erst mal eine Ausbildung machen musste. Das war allerdings schon am Start mit Schwierigkeiten behaftet ... Wenn Menschen eine Beeinträchtigung haben, gibt es viele Möglichkeiten für sie, um beim Einstieg ins Berufsleben Unterstützung zu erfahren. In meinem Fall war das Berufsförderungswerk in Wieblingen bei Heidelberg eine Anlaufstelle. Ich habe mich dort um eine Umschulungsmaßnahme beworben. Weil ich noch keinen Erstberuf hatte, das jedoch eigentlich Grundvoraussetzung für eine Umschulung ist, musste da ein wenig gedreht und gewendet werden, aber letztendlich klappte es, und ich wurde in die Umschulungsklasse zum Bauzeichner aufgenommen – für mich damals ein erster kleiner Erfolg.
Naiv wie ich war, ging ich davon aus, dass es sich beim Bauzeichnen um einen kreativen Beruf handelt, was so aber leider nicht stimmte. Vielleicht wäre es damals gut gewesen, einen Berater zur Seite zu haben. Wir hatten das Thema ja schon mal: Jemand, der versteht, dass du gerade mit Themen überflutet bist und deswegen ein paar Takte mehr Beratung und ein »an die Hand nehmen« brauchst. Damit würde die Gefahr, dass man sich in eine Sache verrennt, wesentlich kleiner.

◆

Aber zurück in meine Umschulklasse: Da saßen die klassischen Fälle – Leute mit Bandscheibenvorfällen oder Allergiker, zum Beispiel aus der Baubranche. Ich erinnere mich an eine Menge deprimierter und wahrscheinlich auch unmotivierter Leute. Einige meiner Mitschüler waren von ihren Lebensumständen regelrecht zur Teilnahme »gezwungen« worden; sie konnten sich die Arbeitslosigkeit nicht mehr »leisten«. Nicht alle wollten das wirklich, denn der Traumjob spielte sich im vorherigen Leben ab. Aber man hat nicht viele Möglichkeiten, wenn ein Haus abbezahlt werden muss oder Kinder da sind.

◆

Ich erinnere mich vor allem an Bernd, der eine Reihe vor mir saß. Er arbeitete seit vielen Jahren als Straßenbauer. Sein Problem war zum einen, dass er für die Umschulung die Woche über weit weg von seiner Familie war und dass ihm das Berufsförderungswerk für seine sonstigen Interessen einfach nichts Adäquates anzubieten hatte. So fing er an zu trinken, seinen Schmerz des Tages wegzusaufen. Wenn ich morgens in die Klasse kam, roch ich oft schon seine Guten-Morgen-Fahne. Er hatte offensichtlich überhaupt keine Lust, wenig Antrieb.

Auch ich hatte bald keine Lust mehr auf diesen unkreativen Job und wollte schnellstmöglich raus aus dieser Maßnahme. Ich hätte alles gemacht: Ich hätte Briefe abgestempelt, ich hätte versucht, etwas zu gestalten, Säle geputzt oder irgendetwas. Es wäre egal gewesen. Ich wollte einfach nur raus aus diesem »Klassenzimmer« und mal etwas wirklich Produktives tun. Nach vier Monaten habe ich dann endgültig gewusst: Das ist gar nichts für mich. Also tat ich das für mich einzig Richtige: Abbruch und Neuanfang.

Das war jedoch nicht ganz so einfach, denn wenn man einmal drin ist im Räderwerk der Bürokratie, kommt man nur sehr schwer wieder heraus. Und so musste ich mich ein paar Mal beim Psycho-Doc auf die Couch setzen.

◆

Ich war in meiner Karriere als halber Mann vorher nicht einmal beim Psychologen, weil ich einfach keine Hilfe gebraucht hatte. Deswegen war es jetzt für mich ein seltsames Gefühl, mich wegen so einer Sache durchleuchten lassen zu müssen. Und bei meiner Lebensfreude und meinem Aktionismus musste ich mir echt was aus den Fingern saugen, um aus der Geschichte wieder raus zu kommen – und aus dem düsteren Zimmer des Docs. Kein Wunder, wenn man in so einer Höhle depressiv wird!

Ich musste also das erste Mal in meinem Leben quasi schauspielern, weil ich etwas erreichen wollte, das auf normalem Weg nur sehr schwer oder vielleicht auch gar nicht gegangen wäre. Nach einer Weile war das Thema aber zum Glück abgeschlossen, erledigt. Ich hatte wieder Zeit, um mich neu auszurichten und für mich zu klären, was ich mit der neuen Freiheit anfangen wollte. Mir war klar: Ich will mit meinen Händen arbeiten. Orthopädiemechaniker war schließlich der Beruf meiner Wahl. Hilfsmittel für Menschen mit Behinderung zu bauen, das war ich in meiner Vorstellung toll und erfüllend. Also fing ich an, Bewerbungen zu schreiben. Leider platzte dieser Traum schnell, denn auf hundert Bewerbungen bekam ich hundertundeine Absage. Scheißspiel. Ich hätte nur einen Menschen, einen mutigen Ausbilder gebraucht, der mich unterstützte und mir den Weg ebnete, aber Fehlanzeige. Auch das Amt konnte mir nicht helfen. Schwer vermittelbar war ich. Und das nur, weil ich keine Beine habe.

◆

Wenn man sich im Internet umschaut und Stichworte wie »Integration behinderter Menschen in den Arbeitsmarkt« googelt, bekommt man Tausende Ergebnisse. Anscheinend gibt es in Deutschland so viele Anlaufstellen für behinderte Menschen und ihre Suche nach Arbeit, dass es eigentlich kein Problem sein dürfte, einen Job zu finden, also eine »unterstützte Beschäftigung«. Auf der Homepage des Bundesministeriums für Arbeit und Soziales wird daran erinnert, dass im Grundgesetz der Bundesrepublik Deutschland steht, dass niemand wegen seiner Behinderung benachteiligt werden darf. Weiter heißt es dort unter dem Stichwort *Teilhabe behinderter Menschen*: »Daher ist es eine wesentliche Aufgabe des Bundesministeriums für Arbeit und Soziales, als federführendes Ressort, Chancengleichheit für Menschen mit Behinderung herzustellen und ihnen eine gleichberechtigte berufliche und gesellschaftliche Teilhabe zu ermöglichen.« Hm, das klingt gut, als würde sich an oberster Stelle redlich bemüht.

Ich finde auf dieser Homepage auch noch viele weitere Informationen über politische und soziale Initiativen. Zum Beispiel eine Internetplattform mit dem schönen Namen *www.einfach-teilhaben.de*. Hier werden Menschen mit Behinderungen und ihre Angehörigen über Chancen und Möglichkeiten informiert. Und gleichzeitig spricht man Verwaltungen und Unternehmen an und ermutigt sie, das Wissen und Können von behinderten Arbeitnehmern ganz selbstverständlich beruflich zu nutzen.

Oder *Jobs ohne Barrieren*, eine weitere Initiative des Bundesarbeitsministeriums, die sich gezielt an Unternehmen, also mögliche Arbeitgeber von Menschen mit Handicaps aller Art, richtet. Solche Anstöße sind wichtig und richtig, ich finde sie gut und will nichts klein reden. Ich muss sagen, es gibt deutschlandweit sehr viele Anlaufstellen und Initiativen. Trotzdem glaube ich, dass Finanzierungen und Initiativen und staatliche Stellen und was es da sonst noch alles gibt, nur einen Teil der Lösung ausmachen. Der andere Teil ist, dass ALLE endlich kapieren, dass behinderte Menschen kein Fremdkörper in Büros, Fabriken, Werkstätten, Unis, Geschäften oder Redaktionen sind. In ihnen steckt genauso viel Potenzial wie in jedem nicht-behinderten Menschen. Auch sie haben das Können, einen starken Willen und spezielle Begabungen, die nicht verschleudert werden dürfen in irgendwelchen öden Maßnahmen und Umschulungen, die den jeweiligen Interessen der Leute überhaupt nicht entsprechen. Es muss viel mehr Raum für Individualität geben: Der Mann hat keine Beine mehr, okay, aber was hat er sonst so drauf? Was kann er besonders gut? Was langweilt ihn? In welchen Bereichen kann er wirklich gute Arbeit leisten? Und nicht: Ah ja, Sie sind behindert. Da gibt's eine Umschulung zu ... na, schauen wir mal ... aha, zum Bauzeichner. Na prima, das können Sie machen. Wie, Sie möchten lieber was Kreatives machen? Na, also jetzt werden Sie aber mal nicht zu anspruchsvoll ...

◆

Für mich lag die Lösung darin, selbst noch aktiver zu werden, denn von Seiten des Amtes und den langsam mahlenden Mühlen der Bürokratie konnte ich nichts erwarten. In meiner Ungeduld fuhr ich eines Nachmittags mit dem Auto die idyllische Bergstraße entlang und sah in einer Senke ein Fachgeschäft. *Rehability Reha-Fachhandel* stand dort geschrieben. Ich nahm das als Zeichen, machte Halt und betrat den Laden, um zu fragen, ob mich vielleicht hier jemand zum Orthopädiemechaniker ausbilden könnte. Schon nach wenigen Worten war klar, dass sie erst einmal keinen Ausbildungsplatz für mich hatten, aber genügend Arbeit und Perspektiven für eine Zukunft. Ich hatte also den ersten, wichtigen Schritt mit Mut und Spontaneität geschafft. Wie es ohne diese Eigenschaften gelaufen wäre, habe ich dann im Laufe der Jahre am Beispiel anderer Rollstuhlfahrer erfahren. Da ging es wegen Schwervermittelbarkeit gleich in Richtung Rente, ohne im Vorfeld noch einmal die Luft des Arbeitslebens geschnuppert zu haben. Es wurden keine großen Anstalten gemacht, den Menschen genauer zu betrachten. Der war behindert und wurde dann schnell zum Rentner und war somit aus der Gefahrenzone und der Statistik verschwunden.

◆

Sicher stehen wir in Deutschland bei diesen Themen besser da, als wir es in Ländern wie Rumänien, Bulgarien oder anderen weniger entwickelten Ländern in Europa und weltweit erleben. Mich hat es interessiert zu schauen, wie die Situation in Europa eigentlich heute aussieht. Auch da gibt es ganz gute Entwicklungen, die, wie ich finde, in die richtige Richtung gehen. In Europa haben sich Arbeitsgemeinschaften aus 19 verschiedenen Ländern mit dem Ziel zusammengetan, dass behinderte Menschen wirklich ankommen im »normalen« Arbeitsmarkt. Bei uns ist das die *Bundesarbeitsgemeinschaft für unterstützte Beschäftigung*, die Mitglied im *Europäischen Dachverband für unterstützte Beschäftigung* ist. Alle nationalen Arbeitsgemeinschaften sind darin organisiert. Wenn man da mal ein bisschen im Internet herumspaziert, kann man sehen, wie die arbeiten, und auch vergleichen, wie die Standards der einzelnen Länder sind. Außer Deutschland, der Schweiz und Österreich sind auch die skandinavischen Länder und Finnland darin, außerdem England, Griechenland, Irland, Island, Italien, die Niederlande, Nordirland, Portugal, Schottland, Spanien, Wales und – als erstes und bisher einziges Land aus dem östlichen Europa – Tschechien. Frankreich, hört, hört, ist nicht dabei. So, und was machen diese Arbeitsgemeinschaften nun Schönes? Sie wollen national und international dafür sorgen, dass die Qualitätsstandards bei der »unterstützten

Beschäftigung« ständig angeglichen und verbessert werden. Dass Betriebe und Unternehmen informiert und in die Arbeit eingebunden werden. Dass die Ziele der Behindertenrechtskonvention der Vereinten Nationen umgesetzt werden. Dass schon in den Schulen darauf hingearbeitet wird, dass Menschen mit Handicap als gleichwertige Arbeitnehmer gesehen werden. Der europäische Dachverband sorgt auch dafür, dass Mitglieder aus den nationalen Arbeitsgemeinschaften in die anderen Länder reisen können, um sich dort zu informieren und auszutauschen. Das macht Sinn!

◆

Klar stellt auch dieser Europäische Dachverband fest: In den Ländern Europas gibt es ganz unterschiedliche Ansätze, Rahmenbedingungen, Finanzierungsmodelle und so weiter. Und vor allem hat jedes Land seine eigene politisch-gesellschaftliche Sicht auf die Integration. Manche Länder – darunter die so oft beispielhaften skandinavischen – nehmen sie sehr ernst und entwickeln vorbildliche Modelle und Initiativen. Andere sind da noch ziemlich am Anfang und haben statistisch weniger glänzende Werte. Deutschland und Finnland stehen zum Beispiel in Europa sehr gut da, wenn es um ihre Bemühungen geht, Fachkräfte aus den Bundesarbeitsgemeinschaften für unterstützte Beschäftigung aus- und weiterzubilden.

Die Arbeit dieses europaweiten Dachverbands hat auch durchaus Auswirkungen. Da wird also nicht nur für die Ablage-Schublade gearbeitet. 2005 wurden einheitliche europäische Qualitätsstandards für unterstützte Beschäftigung in einem Handbuch veröffentlicht; zwei Jahre später wurde dieses auch in Deutschland veröffentlicht und ist seitdem in manche deutsche Gesetze eingeflossen.

◆

Es ist also schon so, dass vieles passiert. Aber ich kann es gar nicht oft genug betonen: All diese Möglichkeiten müssen auch von Menschen mit Hirn, Herz und mit ihrem ganzen Engagement ausgeschöpft werden! Wenn ein Chef nun mal keinen Rollifahrer in seinem Betrieb haben will, weil er glaubt, der würde seinen Betrieb unproduktiver machen als einer, der auf zwei Beinen läuft, dann nützen die tollsten politischen Ansätze nichts. Menschen müssen beispielhaft vorne weg gehen und zeigen: Schaut her, in meinem Unternehmen arbeiten so und so viele Rollifahrer, mehrere Sehbehinderte, und dann gibt's da noch den, der nicht hören kann, und die andere, die nur einen Arm hat, und einige so genannte »geistig Behinderte« sind bei uns auch im Boot. Erst wenn so etwas als »normal« angesehen wird, sind wir bei echter Inklusion angekommen.

◆

Kommen wir aber zurück zu dem Moment, als ich bei *Rehability* einsteigen konnte. Nachdem ich dieses Zwischenziel erreicht hatte, startete eine neue und tolle Phase in meinem Leben. Ich war willkommen und wurde herzlich begrüßt.

Mein erster Job war »Mädchen für alles«. Ich war mir für nichts zu schade. Ich schraubte in der Werkstatt an Rollstühlen und Fahrrädern herum, kümmerte mich um den Postversand im Büro, machte die Ablage und fuhr Hilfsmittel an Kunden aus. Das war für mich natürlich besonders cool, weil ich alle umgebauten Firmenautos fahren konnte und somit lernte, mit jedem Handgerät und mit jeder Art von Umbau zu fahren. Jetzt ging das Lernen schon richtig los. Genau auf der Ebene, die mich angesprochen hat: eine Mischung aus Theorie und Praxis, statt nur rumzuhocken und dem Geschwafel des Lehrers zu lauschen. Ich war, wie es meinem Naturell entspricht, am liebsten im Außendienst unterwegs, wo ich Kundenkontakt hatte und einen Großteil des Tages Auto fahren konnte, gerne auch mal mit einem kleinen Umweg, um des Fahrens Willen. Man gab mir eine Chance, und ich nutzte sie. Diese Chance ermöglichte mir, erst einmal einen Eindruck zu gewinnen, mich einzugrooven und zuzugreifen, als man mir tatsächlich eine Ausbildung im kaufmännischen Bereich anbot. Am 01.09.1996 ging es dann los. Ich war stark eingebunden, sehr glücklich und ein paar Euro gab es obendrein. Es war zwar wenig, aber ich war in einer Ausbildung, die mich insgesamt erfüllte, angekommen.

◆

Zu den vielen Bewerbungsabsagen war es sicher auch deswegen gekommen, weil ich im Rollstuhl saß. Ich bin schwerbehindert, und so wird es für den Arbeitgeber erst einmal unattraktiv, mich einzustellen. Ich bekam nicht einmal die Chance, mich irgendwo persönlich vorzustellen. Zu zeigen, dass mich neben meinen fehlenden Füßen auch noch andere Besonderheiten auszeichnen.

◆

Es gibt Unternehmen, die sich vorbildlich um behinderte Mitarbeiter bemühen. Das sind oft große Unternehmen, die ein richtiges »Diversity Management« haben, also eine extra Abteilung (innerhalb der Personalabteilung), die sich darum kümmert, Vielfalt (englisch: Diversity) optimal in der Berufswelt einzusetzen und sie für den Unternehmenserfolg zu nutzen. Da geht es also nicht nur darum, einfach nur Menschen zu integrieren, sondern auch die spezielle Eigenart des jeweiligen Mitarbeiters so gut eingepasst wie möglich in die Abläufe zu integrieren. Positive Wertschätzung spielt dabei eine große Rolle.
Zu »Diversity« kann man inzwischen viel Spannendes lesen und erfahren, dass sich auf diesem Gebiet einiges tut. Da gibt es zum Beispiel die Internet-Plattform *idm-diversity.org*,

auf der sich Mitglieder aus Wirtschaft, Wissenschaft, Politik, Verwaltung und verschiedenen Organisationen treffen und ihre unterschiedlichen Perspektiven und Erfahrungen austauschen. Sie informieren auch immer wieder öffentlich und stellen ihre Erkenntnisse anderen zur Verfügung, die dann wieder damit arbeiten können.

Außerdem gibt es die *Charta der Vielfalt*, eine Initiative zur Förderung von Vielfalt in Unternehmen. Eines dieser Unternehmen, das ich beispielhaft nennen möchte, ist die Commerzbank. Die hat sogar ein eigenes Diversity-Portal, das Mitarbeiter und ihre Partner nutzen können. Hier ein Zitat aus der Commerzbank-Homepage:

»Vielfalt hat für uns eine herausragende Bedeutung. Denn die Commerzbank ist auf Menschen angewiesen, die ihre unterschiedlichen Talente, Erfahrungen und Sichtweisen leistungsstark und motiviert dem Unternehmen zur Verfügung stellen. Mitarbeiterinnen und Mitarbeiter sind an einem Arbeitgeber interessiert, der ihre Persönlichkeit schätzt. Deshalb arbeiten wir in der Commerzbank an einer Unternehmenskultur, in der jeder ein wertschätzendes und damit produktives Umfeld findet. Nur so können wir das entscheidende Ziel verfolgen: die Commerzbank voranzubringen. (...) Ein Klima der Offenheit und gegenseitiger Respekt sind damit entscheidende Voraussetzungen für unseren Geschäftserfolg. Diversity begreifen wir als eine gemeinsame Aufgabe, der sich Unternehmensleitung, Führungskräfte, Mitarbeiter und Mitarbeiterinnen annehmen. Wir begleiten diesen Prozess aktiv mit Projekten und Maßnahmen ...« Das sind für mich wirklich gute Ansätze.

◆

Bei *Rehability*, meinem Reha-Fachhandel, der mich spontan und flexibel beschäftigte und goldrichtig einsetzte, fand ich auch tolle Bedingungen. Im Vorfeld machte ich im Büro meines Vaters ein zweiwöchiges Praktikum. Das war etwas schwierig, denn ich musste dort immer in den zweiten Stock hochkrabbeln. Kein Aufzug und ein Treppenhaus so eng wie der Hausflur einer Mäusefamilie. Ich musste mich also ganz schön durchkämpfen und war dabei ganz auf mich allein gestellt. Um mein Leben zu managen, musste ich zu jeder Zeit kreativ sein. Andererseits hat mich das sicher auch oft gerettet, denn ich ging einfach los und kam am Ende doch immer weiter, so als hätte es einen Ratgeber gegeben.

◆

Die Zeit bei *Rehability* war gut, denn es war auch viel Sport mit im Spiel. Wir planten Veranstaltungen mit unseren Kunden und hatten untereinander ein tolles Teamgefühl. Ja, das Team hat viel auf die Beine gestellt. Es gab viele, viele Erfolgserlebnisse, die auch für mein späteres Leben prägend waren. Und es ging dort nicht einfach nur um eine Arbeitsbeschaffungsmaßnahme! Ich hatte Lust zu arbeiten, ich wollte etwas schaffen und mir stand der Sinn nach Erfolg. Mit meinen Einschränkungen hätte ich, wäre ich nicht so motiviert gewesen, sofort sagen können: »Ich hab keinen Bock mehr. Vergesst es einfach. Ich mache gar nichts mehr. Ich leg mich hier auf die faule Haut.« Heute bin ich sehr froh, dass ich das nicht gemacht habe. Ich war ja auch so jung, voller Energie, die ich rauslassen wollte. Ich wollte etwas tun, das nachhaltig ist und bei anderen positive Eindrücke hinterlässt. Mit Menschen hatte ich sowieso schon immer gern zu tun. Außerdem war ich der erste »Azubi« bei *Rehability*. Diese Premiere war für uns alle etwas Besonderes.

Ich war schlussendlich acht Jahre dort. Drei Jahre Ausbildung, dann noch fünf Jahre im Anschluss. Danach wechselte ich in den *Musikpark* nach Mannheim, zu einer Event-Agentur.

Nach weiteren drei Jahren ging ich dann in eine private Arbeitsvermittlung nach Wiesbaden, die ich aber nach einem Jahr wieder verließ. Ich konnte es am Ende nicht mehr vertreten, Bewerber zu vermitteln, die mir erzählen wollten, dass sie eigentlich nicht mehr arbeiten könnten, weil sie ein Rückenleiden hätten. Ich dachte, *ich* sei der Behinderte?! Und dann gab es auch noch eine weitere Gruppe aus einigen, die zwar komplett gesund, aber ohne jede Motivation waren.

◆

Nach dieser Zeit war ich dann für zwei Jahre in einem Kunstprojekt beschäftigt. Als dort die finanziellen Mittel ausblieben, wechselte ich 2010 zu einer Darmstädter Eventmarketing-Agentur und wurde der Pressesprecher des Darmstädter Schlossgrabenfestes.

Ich habe während meiner Berufstätigkeit nie Arbeitslosengeld beantragt, auch wenn ich mal zwischendurch zwei Wochen ein Beschäftigungsloch hatte. Ich hätte sicher staatliche Unterstützung bekommen, ja. Aber das wollte ich nicht. Ich wollte immer arbeiten.

Zum Amt musste ich aber natürlich. Von den Beratern dort habe ich mich in meiner Arbeitswut regelrecht ausgebremst gefühlt. Da gab es immer wieder Prozesse und Abstimmungen, deretwegen eine Idee nicht weiter entwickelt werden konnte oder eine Entscheidung einfach auf Eis gelegt wurde. Mein Eindruck war, dass es dort einfach zu viele Leute gab, die keine Ahnung von der Materie hatten, vor allem überhaupt keine Ahnung von der Vermittlung behinderter Menschen.

Ich habe mal von einem Fall gehört, in dem ein von Geburt an sehbehinderter Mensch beim Arbeitsamt abgewiesen wurde, weil ihn, so der Berater, mit einer solchen Behinderung kein Arbeitgeber einstellen würde. Der Sehbehinderte war aber sehr selbstbewusst, kümmerte sich danach mit Hilfe seines

Vaters selbst um einen Ausbildungsplatz und eine Anstellung. Heute genießt er großes Ansehen unter seinen Arbeitskollegen, weil er in seinem Bereich ein Fachmann wurde. Hätte er allerdings diesen eigenen Willen nicht gehabt, wäre es wohl nie soweit gekommen. Ein sicher wiederkehrendes Problem in Deutschland. Es fehlt an Kompetenz seitens der Berater und wohl auch an Motivation, jemandem einen Arbeitsplatz zu vermitteln, der außerhalb des Standards liegt.

◆

Es gibt bestimmt Reha-Berater – die meisten sitzen in den Agenturen für Arbeit, aber auch in sozialen Institutionen, z.B. Einrichtungen der Diakonie oder Caritas, oder in privaten Einrichtungen –, die ihre Sache sehr gut machen. Die vielleicht auch eine entsprechende Weiterbildung bekommen haben oder persönlich gute Voraussetzungen mitbringen, um sich gerade in die speziellen Bedürfnisse und Schwierigkeiten von behinderten Menschen einzufühlen. Aber es gibt viel zu viele so genannte Reha-Berater, die mit dieser Aufgabe einfach überfordert sind.
Ich wünsche mir grundsätzlich mehr Berater, die selbst ein Handicap haben. Es kann ja nicht so furchtbar schwierig sein, ein paar Formulare zu studieren und sich in den bürokratischen Abläufen fit zu machen. Das könnte ich auch. Oder wenn es um behindertengerechte Auto-Umbauten geht oder die entsprechende Arbeitsplatz-Ausstattung und so weiter – das notwendige Wissen kann man sich doch aneignen.

◆

Ich bin bei der Arbeit oft an meine Grenzen gestoßen. Manchmal tat mir mein Hintern vom vielen Sitzen ganz schön weh. Aber ich habe das trotzdem irgendwie durchgezogen. Mit Fieber im Büro sitzen und Kostenvoranschläge oder Rechnungen schreiben, weil die Zahlen einfach stimmen müssen – das kenne ich. Ich habe meine Aufgabe extrem ernst genommen. Und so mache ich es mit allem, was ich anpacke, Dinge werden durchgezogen, bis sie erledigt sind. Mit Fieber allerdings heute nicht mehr – man(n) lernt ja dazu.

◆

Ich weiß, dass es Leute gibt, die eine andere Grundeinstellung haben, die lieber vom Amt Geld nehmen, weil auf dem freien Arbeitsmarkt vielleicht wegen der Steuern weniger Geld rauskommt. Für mich ist das jedoch nicht ausschlaggebend. Mir ist es einfach wichtig, aktiv zu sein. Und produktiv.

Dass an unserem System etwas nicht stimmt, liegt auf der Hand, denn es darf nicht sein, dass jemand, wenn er seine Leistung da draußen bringt, weniger Geld im Portemonnaie hat als jemand, der von staatlicher Unterstützung lebt. Aber auch in den Köpfen der Leute stimmt etwas nicht, wenn sie sich lieber auf die faule Haut legen und sich vom Staat finanzieren lassen, obwohl sie arbeitstauglich sind.

Es gibt sicher viele Menschen, die unverschuldet in die Situation gekommen und auf Hartz IV angewiesen sind. Das ist mir bewusst. Verlassene Frauen mit Kindern oder ein Krankheitsfall, der arbeitsunfähig macht, und so weiter. All diese Fälle möchte ich jetzt gern in Schutz nehmen. Aber die ganzen anderen »Schmarotzer« da draußen sind mir ein Dorn im Auge. Denen würde ich rigoros die Leistungen runterkürzen, solange bis sie ihre Arbeitslust wiederfinden. Die kommen vielleicht morgens gegen elf aus der Wohnung gekachelt. Gehen eine Zeitung kaufen, hocken sich zu Hause wieder aufs Sofa und gucken sich im Privatfernsehen, in dem diese ganzen unsäglichen Nachmittags-Talkshows laufen, die nur zur Volksverdummung beitragen, dann stundenlang Müll an. Und dann gehen sie vielleicht noch einmal raus – zur Trink-

halle oder auf eine Parkbank, um einen zu heben, kurz einkaufen und dann wieder auf die Couch.
Dieser Gedankengang ist natürlich etwas überfrachtet mit Klischees, das gebe ich zu, aber leicht aggressiv macht es mich dennoch. Denn ich, der ich im Rollstuhl sitze, arbeite fleißig, um ins System einzuzahlen, und bekomme im Gegenzug nicht mal eine adäquate Förderung für meinen Arbeitgeber. Und jede Menge Anlaufschwierigkeiten obendrein. Und währenddessen zahlt irgendeine dieser Couchpotatoes dank meiner Steuern ihre Fernsehgebühren. Das kann nicht sein. Ich bin mir sicher, dass es keine Ausnahme ist, was mir da passiert ist, bestimmt ist es ganz vielen anderen genauso ergangen. Die auch das Gefühl hatten, dass ihnen Steine in den Weg gelegt werden, und dass sie trotz großer Eigenmotivation kein Oberwasser bekommen, weil es irgendeinen Blödmann gibt, der die Weichen in Richtung Sackgasse stellt.

◆

An dieser Stelle möchte ich dringend an alle Arbeitgeber und Unternehmen appellieren: Schauen Sie einmal mehr hin! Es gibt so viele patente Menschen, die im Rollstuhl sitzen oder ein sonstiges Handicap haben, Männer und Frauen, die es verdient haben, dass man sich mit ihnen beschäftigt – und sie beschäftigt! Werden Sie offener, ein bisschen toleranter, vielleicht auch ein bisschen sozialer. Denken Sie mal drüber nach, liebe Personalchefs!

◆

Letztlich ist jeder für sein Glück selbst verantwortlich, jeder muss sein Leben selbst in die Hand nehmen. Das kann auch bedeuten, dass ich zum Amt gehe und mich mit jemandem anlege, damit der ein bisschen mehr Gas gibt, weil ich nämlich schon eine Firma habe, die mich einstellen will. Man muss hin und wieder über seinen Schatten und aus der Rolli- oder Behinderten-Schublade rausspringen. Manchmal ist das der einzig vernünftige Weg, denn sonst wird man nicht wahrgenommen.

Nützliche Links zum Thema:

- Bundesministerium für Arbeit und Soziales:

  http://www.bmas.de/DE/Themen/Teilhabe-behinderter-Menschen/inhalt.html

  http://www.bmas.de/DE/Themen/Teilhabe-behinderter-Menschen/Foerderung-der-Ausbildung-und-Beschaeftigung/foerderung-der-ausbildung-und-beschaeftigung.html

  http://www.einfach-teilhaben.de/DE/StdS/Home/stds_node.html

- Bundesarbeitsgemeinschaft für unterstützte Beschäftigung: *www.bag-ub.de*

- Europäischer Dachverband für unterstützte Beschäftigung: *www.euse.org*

- idm – Plattform für Diversity Management: *http://www.idm-diversity.org/deu/index.html*

- Charta der Vielfalt: *http://www.charta-der-vielfalt.de/*

KAPITEL 6
Liebe

Ich bin immer davon ausgegangen, dass man Menschen in den meisten Fällen nicht aufgrund ihrer Beine liebt und man mich folglich wegen fehlender Beine auch nicht *nicht* lieben würde. Deshalb habe ich mich auch nie in den speziellen Online-Partnerschaftsbörsen für Behinderte bewegt.

Freunde haben mir immer wieder solche Seiten im Netz gezeigt oder wollten meine Meinung dazu wissen. Eine Seite ist mir durch ihr freundliches, positives Layout aufgefallen: MyHandicapLove.de. Ich selbst habe diese Angebote zwar nicht genutzt, aber zu jedem anderen würde ich sagen: Wenn du ein Handicap hast und die Liebe suchst, warum es nicht auch auf diesem Weg versuchen, wenn es auf konventionelle Weise nicht klappt? Ich denke, wichtig ist, dass ein solches Portal hell und strahlend gestaltet ist. Wenn die Liebe ein Handicap hat, wenn also der Mensch, um den es geht, eine Delle hat oder einen Arm zu wenig, dann muss das Drumherum erst recht positiv und freundlich sein. Viele Menschen bewerten sich schon im Vorfeld als minderwertig oder fühlen sich in ihrer Rolle als Opfer, weil ihnen etwas »fehlt«. Wenn man einen Mangel als Mangel fühlt, wird es kritisch, denn dann ist man zu schnell bereit, das Erstbeste zu nehmen, das ein anderer »freiwillig« anbietet. Das dürften allerdings auch Menschen ohne Handicap kennen, denn um sich »behindert«, als »Nerd«, unzureichend oder ausgegrenzt zu fühlen, braucht man sicher keinen Rollstuhl und keine Prothesen.

Als ich mich durch *MyHandicapLove* geklickt habe, ist mir aufgefallen, dass sehr viele Nutzer ihre Profile anonym, also ohne Bilder, angelegt haben. Nur wenige haben ein Ganzkörperfoto eingestellt. Für mich zählt es zu den größten Behinderungen in der Liebe, wenn ein Mensch sich nicht zeigt. Damit es bei mir »Klick« macht, brauche ich ein Gesicht, eine Gestalt. Wenn ich jemanden nur halb sehe, kann ich mich auf die Person nicht vollkommen einlassen. Ob dieser Mensch im Rollstuhl sitzt oder nicht, ist dabei nebensächlich. Wenn jemand ein schönes Gesicht hat und auch der Rest – natürlich nicht nur die Optik – irgendwie attraktiv ist, dürfte es doch kein Problem sein, einen Partner zu finden.

Auf der Unterseite »Sie sucht Ihn«, wo sich die Damen vorstellen, waren ein paar Bilder mehr dabei, bei denen ich mich wirklich gefragt habe, warum eine – zumindest auf dem Foto – so toll aussehende Frau nicht längst vergeben ist. Nur weil sie eine Behinderung hat?

Auf MyHandicapLove.de fällt außerdem auf, dass Frauen grundsätzlich seltener Bilder von sich zeigen als Männer. Vielleicht ist das so, weil Frauen nicht auf ihr Äußeres beschränkt werden wollen. Oder sie schämen sich eher für ihr Handicap, weil die Gesellschaft ja von Frauen viel mehr erwartet, dass sie top aussehen. Aber am Aussehen allein liegt's doch sowieso nicht! Man verliebt sich ja in bestimmte Charakterzüge oder eine bestimmte Eigenart – wie sich die Person bewegt, in ihre liebliche Stimme, wie sie dich anschaut und in deine Richtung lächelt ...

◆

Allgemein gehen die Menschen erst einmal davon aus, dass der Behinderte allein bleibt, weil ihn keiner will, und dass Nichtbehinderte schon allein deswegen begehrt werden, weil sie nicht behindert sind. Was für ein Schwachsinn! Liebe und Anziehung sind hochkomplexe und vielfältige Gefühle. Es gibt sogar nichtbehinderte Menschen, die sich gerade von Menschen mit Behinderung angezogen fühlen. Ich selbst habe ein paar Schreiben von Frauen bekommen, die sich sexuell für mich interessierten, gerade weil ich keine Beine habe. Für manche Menschen sind fehlende Beine ihr persönlicher Fetisch – für mich zwar schwer nachvollziehbar, aber auch das habe ich schon erlebt. Genau so, wie manch einer auf große Busen und ein anderer auf blonde Haare steht, so ist die Vorliebe einiger Menschen eben das fehlende Körperteil.

In der Tat kann in einer Behinderung etwas sehr Positives liegen, etwas, wodurch der Behinderte gegenüber einem Nichtbehinderten im Vorteil ist. Stellen Sie sich mal vor, Sie hätten die Wahl zwischen einem sehenden und einem blinden Masseur. Wen würden Sie bevorzugen? Ich würde auf jeden Fall den blinden nehmen, weil ein blinder Masseur alles durch die Hände sieht, viel mehr Gefühl in den Fingern hat und deshalb bestimmt unglaublich gut massieren kann. Und so wie Menschen ohne Sehkraft besser massieren und auch besser hören können, halten vielleicht Menschen, die nicht mehr laufen können, manche Dinge besser aus, weil sie das »aus-sitzen« perfekt beherrschen.

◆

Ob sich jetzt Behinderte lieber mit Nichtbehinderten zusammentun oder ob man lieber gemäß dem Motto »Gleich und gleich gesellt sich gern« sucht – ich denke, am wichtigsten ist, dass die Charaktere zueinander passen. Dass die Schnittmenge hoch ist. Mancher ist fröhlich, der andere eher reserviert, der eine ist bestimmend, der andere sucht die Harmonie. Menschen, die im Rollstuhl sitzen, sind ebenso wenig Heilige wie das »Fußvolk«. Oft summieren sich zusätzlich zum Rollstuhl noch diverse weitere Macken und Marotten. Vor diesem Hintergrund ist eine Beziehung zwischen zwei Menschen mit Handicap wahrscheinlich etwas einfacher als eine »gemischte« Beziehung, weil beide Partner die Sorgen oder den Unmut des anderen aus eigener Erfahrung kennen. Beide wissen, wie es ist, mit einem Handicap durchs Leben zu gehen bzw. zu rollen, und wie schwierig sich der Alltag gestalten kann. Manchem Behinderten fällt es wahrscheinlich auch leichter, nicht dauernd einen nichtbehinderten Partner an der Seite zu haben und dadurch ständig zu sehen, was er oder sie nicht kann – während es der andere, der Nichtbehinderte, eben ganz mühelos schafft. Hierbei spielen oft Komplexe gegenüber Nichtbehinderten eine Rolle.

◆

Ich selbst wollte immer eine Beziehung zu einer nichtbehinderten Frau. Zum einen, weil ich mich nie wirklich behindert gefühlt habe. Zum anderen, weil ich meine Alltagsschwierigkeiten nicht verdoppeln wollte. Allein das Szenario »Wir machen einen Ausflug« stelle ich mir wahnsinnig anstrengend vor: Sie setzt sich ins Auto, ich lade ihren Rollstuhl ein, danach rolle ich auf die Fahrerseite, setze mich rein, lade meinen Rollstuhl ein ... Das hätte für mich keine Zukunft. Klar ginge vieles auch mit einer Frau im Rollstuhl. Ich habe in den vergangenen zwanzig Jahren zwei oder drei Rolli-Frauen getroffen, bei denen ich dachte: »Wow! Eine tolle Frau, auch wenn sie nicht läuft.« Aber ich wünsche mir, dass mich meine Partnerin dort, wo ich Hilfe brauche, unterstützen kann, und das geht in meiner Vorstellung eben nur, wenn sie keine Behinderung hat. Es ist wunderbar, jemanden zu haben, auf den man sich verlassen kann. Rollstuhlfahrer haben ja hin und wieder ganz spezielle Problemchen: mal eine Blasenentzündung, mal eine Druckstelle vom Sitzen ... Dann ist es besonders schön, wenn es jemanden gibt, der ohne Probleme schnell einen Tee kocht und es sich dann mit mir auf der Couch gemütlich macht.

Umso besonderer ist es, wenn zwei behinderte Menschen zusammen eine funktionale Beziehung führen. Ich kenne eine

Familie, bei der beide Eltern blind sind und sie eine sehende Tochter haben. Ich habe das Gefühl, dass diese Familie sehr glücklich ist und die Tochter sehr fürsorglich erzogen wird. Es gibt auch Paare von zwei Rollstuhlfahrern mit Kindern. Die müssen sicherlich unglaublich viel organisieren: Zwei Rollstühle plus zwei Kinderwagen, vielleicht noch einen Buggy dazu, und dann geht's mit dem ganzen Krempel in den Urlaub ...

Ob zwei Behinderte nun besser miteinander klarkommen als zum Beispiel ein Fußgänger und eine Behinderte, kann man meiner Meinung nach nicht pauschal sagen, das zeigt sich nur im Einzelfall. Tatsache ist zwar, dass sich mehr Menschen in »ungleichen« Beziehungen professionell beraten lassen als beiderseits behinderte Paare, weiß Birgit Schopmans von der Beratungsstelle des fab (Verein zur Förderung der Autonomie Behinderter) in Kassel. Sie weist aber gleichzeitig darauf hin, dass dies nicht zwangsläufig bedeute, Partnerschaften zwischen behinderten und nichtbehinderten Menschen wären problembelasteter. »Nicht selten kommen Menschen zu uns, deren Partner im Laufe der Beziehung durch einen Unfall oder eine Krankheit behindert wurden. Diese Menschen haben dann Schwierigkeiten, mit den neuen Herausforderungen umzugehen und die Behinderung zu akzeptieren.« Bei Konflikten gibt es für die Beraterin keine Unterschiede zwischen behinderten und nichtbehinderten Paaren: »Offen über die Probleme sprechen. Und Kritik formulieren, aber auch Kritik akzeptieren.«

Wichtig ist: Der behinderte Mensch muss sein Handicap akzeptiert haben und der nichtbehinderte Partner muss die Behinderung des anderen ebenso voll und ganz akzeptieren können. Wenn dann beide offene, selbstbewusste Menschen sind, kann auch eine »gemischte« Partnerschaft gut gelingen. Schwierig wird es nur, wenn ein Nichtbehinderter den Kontakt zu behinderten Menschen sucht, um das eigene Ego zu polieren oder sich als Gutmensch zu fühlen. Ein natürlicher, unkomplizierter Austausch ohne Krampf und Hintergedanken sollte immer möglich sein.

Das gilt übrigens auch für die große Frage: Wie spricht man am besten über Sex mit behinderten Menschen? Das kann vor allem zwischen Behinderten und Nichtbehinderten ein stark trennendes Thema sein. Hier ist eine Brücke notwendig. Über Job, Autos und Urlaube kann man sich austauschen, aber wenn es um Sex und Liebe geht, dann bewegt man sich schnell auf unsicherem Terrain. Lieber nicht darüber sprechen, es ist doch sowieso alles schon schwer genug. Aber, wie mein Freund Max immer zu sagen pflegt: »Kompliziert wird eine Sache doch erst, wenn man so tut, als sei sie *nicht* kompliziert, und dass man deshalb nicht darüber sprechen müsse.« Dem kann ich nur beipflichten. Warum fragt man einen Rollifahrer nicht einfach: »Und wie machst du's am liebsten?« Oder ganz einfach: »Geht das bei dir denn noch?« Ich kann eines vorwegnehmen: Bei den meisten, die ich kenne, klappt es – irgendwie. Wenn nicht unterhalb der Gürtellinie, dann eben oberhalb. Das konnte man ja zum Beispiel in dem Kinofilm *Ziemlich beste Freunde* gut sehen. Die Sache ist ohnehin sehr individuell.

◆

Bei meiner Lebensgefährtin Annika und mir war es von Anfang an möglich, ungezwungen und ehrlich miteinander umzugehen. Wir haben uns auf einem Howard Carpendale-Konzert kennen gelernt. Ich erzählte ihr, dass Howard und ich uns aus einer Talkshow kennen und uns hier auf dem Konzert wiedertreffen wollten. Sie rollte daraufhin nur mit den Augen und hielt mich, glaube ich, für einen Angeber. Ich hingegen war nach einigen Blödeleien von ihr fasziniert; die Begegnung mit ihr hat mich in den nächsten Wochen weiter beschäftigt. Insgeheim habe ich nach dem Konzert gehofft, dass sie sich bei mir meldet. Was sie schließlich auch tat. Wir haben uns verabredet, miteinander gekocht – und angefunkelt. Annika war damals noch gebunden, ich grade wieder frei. Es war jedoch sehr bald klar, dass wir großes Interesse aneinander hatten, also trennte Annika sich von ihrem damaligen Freund. Ich liebe sie dafür, denn die Marschrichtung war jetzt klar. Wir beide sind Menschen der Tat und mögen keine halben Sachen – das schweißt einmal mehr zusammen.

Annika hat mich in diesen ersten Treffen »ausgecheckt«. Mit einem Behinderten derart zusammen zu sein, das war für sie ja neu und es galt, ein paar Grundfragen zu klären. Ein gutes Gefühl allein kann bei diesen unterschiedlichen Grundvoraussetzungen nicht reichen, um Vertrautheit zu schaffen. Hier war Offenheit wichtig!

Muss ich diesem Mann jetzt jede Kaffeetasse hinterher tragen oder kriegt der trotz Rollstuhl auch mal was alleine hin? Werde ich den gesamten Haushalt an der Backe haben oder beteiligt er sich daran? Doch nachdem sie mich in meinem kleinen Reich und auch mit Emely erlebt hatte, war alles klar. Sie konnte sich davon überzeugen, dass ich Ordnung liebe und mein Leben im Griff habe, und das Thema war schnell abgehakt.

Dass ich auch Fragen an sie hatte, hat sie erst einmal erstaunt. Ich habe ihr zum Beispiel erklärt, dass ich überhaupt kein Typ für eine Fernbeziehung bin. »Die 85 Kilometer zwischen uns sind mir definitiv zu viel. Und wenn wir auf Dauer ein Paar sein wollen, musst du irgendwann in meine Gegend ziehen, denn ich habe hier meine Tochter Emely und möchte immer für sie da sein können.« Eine Lösung zu finden, war nicht weiter schwierig. Wohl deshalb, weil alles direkt auf den Tisch kam und noch heute kommt – das kann ich übrigens nicht nur in »gemischten« Beziehungen raten, sondern jedem Paar, das sich frisch zusammentut! Je deutlicher man von Beginn an bespricht, was man braucht, damit eine Beziehung funktioniert, desto schneller stellt man fest, ob man zusammen passt und ob man gemeinsam leben kann. So kamen von ihr zum Beispiel auch Fragen, wie es funktioniert, ins Auto einzusteigen, oder wie man im Rollstuhl einen Wischmopp führt, ohne sich dabei im Kreis zu drehen. Wie kauft man im großen Stil ein, wenn man seine Hände eigentlich zur Fortbewegung braucht, und wie bekommt man den ganzen Kram dann von der Garage in die Wohnung? Eine ihrer Herzensfragen war auch, ob ich mir ein weiteres Kind vorstellen könnte. Und ich kann. Die anderen, eher alltäglichen Dinge ergaben sich dann später schnell von selbst.

Annika ist mit ihrem geregelten Kreislauf in meinen geregelten Kreislauf gekommen. Beide Kreisläufe haben sich verbunden. Ich war geübt in allen Handgriffen, denn als Vater bin ich es ja gewohnt, trotz meines Handicaps nicht nur Verantwortung für mich selbst zu tragen, einkaufen zu gehen, zu putzen. Mittlerweile wohnen wir seit einer ganzen Weile zusammen und natürlich nimmt Annika mir hin und wieder verschiedene Dinge ab. Das genieße ich auch. Aber wir achten darauf, dass unser Zusammenleben ausgewogen ist, sodass jeder von uns beiden autark bleibt. Obwohl wir emotional eng verbunden sind und uns etwas Tolles zusammen aufbauen wollen, hat jeder von uns weiterhin auch sein eigenes Leben. Niemand muss sich dem anderen unterordnen, niemand sich in seiner Planung einschränken, weil er sich ständig um den anderen kümmern muss. Besonders für mich war es wichtig, meine Autonomie zu bewahren, die ich mir in all den Jahren zuvor erarbeitet habe – ich will mich nicht auf Annikas Hilfsbereitschaft ausruhen. Bevor wir uns kennen gelernt haben, hatte jeder sein Leben allein im Griff und so soll es auch bleiben: Jeder macht sein Eigenes, und die große Schnittmenge, die

wir haben, gestalten wir zusammen. Wenn hier ein Ungleichgewicht entsteht, wird man ganz schnell unzufrieden und das wirkt sich negativ auf die Zweisamkeit aus.
Mit Tugenden bestückt wie Respekt, dem Verständnis für die persönlichen Schwierigkeiten, von Zeit zu Zeit viel Geduld, Liebe zum anderen und einfach einer Offenheit gegenüber ungewohnten Hürden kann aus meiner Sicht jede Beziehung, ob mit Handicap oder ohne, eine erfüllte Partnerschaft werden.

KAPITEL 7
Kinder

Ich bin gern mit Menschen zusammen. Das beinhaltet für mich besonders den Kontakt mit Jugendlichen und Kindern. Zum Beispiel treffe ich bei vielen meiner Lesungen auf Schüler unterschiedlichen Alters. Diese Begegnungen sind spannend, für beide Seiten. Ich folge den Einladungen zu diesen Lesungen in Schulen sehr gern, aber offen gestanden nicht nur, um der Jugend von heute ein wenig in die Köpfe zu schauen, sondern vor allem, damit die Schüler auf mich treffen. Es ist selten, dass Kinder mit dem Thema Behinderung in Berührung kommen, denn die meisten Kindergärten und Schulen sind diesbezüglich störungsfrei. Das soll heißen, dass die Anzahl von Schulen, die Kinder mit Behinderung aufnehmen, verschwindend gering ist. Das mag an den baulichen Bedingungen liegen, die oft den Gesetzen der Barrierefreiheit widersprechen – weil ein Umbau angeblich nicht möglich oder viel zu teuer ist. Meines Erachtens liegt es aber vielmehr daran, dass es auch im Jahr 2012, trotz einer enormen Medienvielfalt, noch immer Berührungsängste gibt. Menschen mit Behinderung haben die weniger, denn schließlich sind es gesunde Menschen, die sich nach einem Unfall um dich kümmern und dich pflegen. Man gewöhnt sich daran, dass andere Menschen Füße haben und man selbst nicht. Die alltägliche Begegnung unterstützt sogar darin, mit der Behinderung zurecht zu kommen. Auch Menschen mit Füßen sind manchmal traurig oder haben miese Laune. Zu erkennen, dass Füße nicht alles sind im Leben, hilft schon einen großen Schritt weiter.

◆

In Kindern sah ich nach meinem Unfall ein ganz besonderes »Trainingslager«, denn der Dialog mit ihnen ist sehr direkt und unverblümt. Das kann man gut nutzen, wenn man aus der Reha-Waldeslust wieder unter Menschen kommt. Kinder machen dich stark – wenn du es zulässt. Sie schauen dich an und stellen ihre Fragen, ohne groß zu überlegen, ob sie dir damit zu nahe treten oder nicht. Sie wollen eine Erklärung hören, damit sie verstehen können, warum da optisch etwas fehlt. Und das ohne Filter, ohne Rücksichtnahme auf irgendwelche Gefühle, ganz ohne umgangssprachliche Floskeln. Kinder reden nicht um den heißen Brei herum. Sie wollen alles wissen, unter anderem auch, wie ohne Beine pinkeln geht und ob meine Kinder (damals hatte ich meine Tochter noch nicht) auch ohne Beine auf die Welt kommen. Sie sehen, dass da irgendwas anders ist, und möchten wissen, wie es sich dennoch lebt in dieser Welt auf vier Rollen.

◆

Barrierefreiheit setzt voraus, dass nicht nur Formulare an wirkliche Bedürfnisse angepasst werden, sondern dass ein Austausch stattfindet. Menschen spielen und lernen miteinander, und das fängt am besten ganz früh im Leben an. Bereits in den 70er-Jahren gab es Schulen für behinderte und nicht-behinderte Kinder. Die Inklusion – damals *Integration* genannt – verlief jedoch träge und wurde nur von wenigen klischeehaften Sozialpädagogen in Birkenstocksandalen wirklich ernst genommen. Nicht nur die Schulen, sondern das gesamte Bildungswesen musste sich verändern und erweitern für das Klassenziel *Inklusion*. Und zwar nicht nur in baulicher Hinsicht; auch die Lehrer sollten umfangreicher ausgebildet werden, um für jeden Schüler, ob mit oder ohne Behinderung, einsetzbar zu sein.

Trotz der Fortschritte in und seit den 70er-Jahren ist die generelle Schul-Inklusion aber heute immer noch ein Traum. In den meisten Schulen werden nicht-behinderte und behinderte Kinder auch heute nicht miteinander konfrontiert.

◆

Ich lerne aus Begegnungen. Ich lerne, in welchen Punkten ich schwach bin und in welchen stark. Meine Reaktion auf die Kinderfragen zeigte mir auf, dass ich ganz offensichtlich meine Behinderung akzeptiert hatte, denn ich ging fröhlich und frei mit dem Wissensdurst rund um mein fehlendes Gehgestell um. Als die ersten Treffen mit Kindern vorbei waren, da wusste ich: »Jetzt kann man mich auf die Menschheit loslassen!« Der Umgang mit Kindern ist ein sehr gutes Übungsfeld, um Antworten zu proben, Blicke auszuhalten, mit Scheu umzugehen und auch, um mit der eigenen Behinderung in Kontakt zu kommen, sie immer weiter aufzuarbeiten und schließlich zu akzeptieren. Ich lernte mit den Kindern, dass Normalität entsteht, wenn man ihnen ganz einfach Antworten auf ihre Fragen gibt, wenn man ganz normal mit ihnen spielt, rumtobt, sie auch mal im Rolli fahren lässt. Abends habe ich ihnen Geschichten vorgelesen und auf der Gitarre vorgespielt. Alles ganz unkompliziert. Die Kinder konnten dadurch begreifen, dass Behinderung etwas Natürliches ist, und dass Menschen im Rollstuhl keine Monster sind und auch nicht beißen. Selbstverständlich müssen sich nicht alle behinderten Menschen sofort solcher kindlichen Neugierde aussetzen, aber irgendwann ist es sicher hilfreich. Für mich waren diese Begegnungen quasi der »Abschlusstest« für meine noch relativ neue Rollstuhlfahrer-Karriere.

◆

Meine erste Begegnung mit einer Kindergruppe nach meinem Unfall war 1995. Zu diesem Zeitpunkt saß ich seit genau

drei Jahren im Rollstuhl. Es war im Rahmen einer Kinderfreizeit. Die Kinder mussten sich erst an meinen Anblick gewöhnen und beäugten mich zunächst aus der Ferne. Irgendwann machte dann ein ganz Mutiger den Vorreiter und kam auf mich zu. Damit war das Eis gebrochen und alles ging ganz schnell. Wenn ich es recht bedenke, dann hat mich das Fremdeln der Kids sogar dazu ermutigt, ihnen gegenüber noch ein bisschen provokanter zu werden, auch mal rauszulassen, was alles in mir steckt. Es hat mich darin bestärkt, Sachen zu machen, die man mir nicht zutraute, wie Basketball oder Tischkicker spielen. Dass ich dann auch noch gewinne, daran hatte wohl keiner geglaubt. Dieses Wagen und Probieren war jedoch ein absoluter Durchbruch für mich und meine ganz persönliche Integration. Es war der Moment, in dem man im Stillen jubelt, weil man weiß, dass man einen der steilsten Berge seines Lebens erklommen hat.
Der Höhepunkt dieser Kinderfreizeit war damals ein gemeinsamer Ausflug in die Stadt. Weil es bergauf ging, war diese Aktion für mich ziemlich mühsam, was die Kids auch mitbekamen. Also haben sie mich mit vereinten Kräften ein Stück den Berg hoch geschoben und gezerrt. Obwohl es ein sehr unwegsames Gelände war und extrem steil. Mit einem Mal waren sie zur Stelle. Das ist es, was ich unter *Inklusion* verstehe: Die Kinder sind ein Stück ihres Lebenswegs mit jemandem mitgegangen, der eine Behinderung hat, und haben gelernt, davor keine Angst zu haben, sondern im Bedarfsfall ohne Zögern anzupacken.

◆

Im Kindergarten meiner Tochter Emely gab es einmal ein behindertes Kind, weswegen sie eine »Integrationskraft« eingestellt haben. So etwas finde ich gut. Das hilft nicht nur den nicht-behinderten Kindern, sondern natürlich auch dem

Kind, das ein Handicap hat. Ich bin überzeugt, dass das Kind mit Behinderung durch die Gemeinschaft mit Kindern ohne Handicap sehr gut gefördert wird. Noch besser lief es in einer anderen integrativen Einrichtung, von der ich gehört habe. Dort war ein Rolli-Kind, um das sich die anderen Kids regelrecht geschwisterlich gekümmert haben. Ich glaube, davon profitieren beide Seiten. So können Kinder ihr Sozialverhalten enorm ausbilden. Für meine Tochter Emely ist es in dieser Hinsicht bestimmt auch ein großes Plus, mit mir zusammen zu leben. Sie ist jetzt viereinhalb Jahre alt. Es gibt inzwischen einige Dinge, die ich sie übernehmen lasse, wenn sie mir zu anstrengend werden. Ich erkläre ihr dann, dass es ganz schön wäre, wenn sie mir beim Tischdecken helfen würde, weil es mich allein zu sehr anstrengt. Das versteht sie. Für mich ist es ausschlaggebend, wie man einem Kind etwas vorlebt und wie man es einbezieht. Ich verlange die Mithilfe nicht jeden Tag von ihr, aber es gehört einfach zu unserem Zusammenleben dazu. Das gilt natürlich auch für Beziehungen zwischen Menschen ohne Behinderung. Man hilft und unterstützt sich gegenseitig. Das ist gemeinschaftliches Leben – nicht nur im engen Familienkreis, sondern in der Welt.

◆

Oft wird diskutiert, ob es wirklich sinnvoll ist, stark Lernbehinderte in eine Regelklasse zu integrieren. Ob dies die nichtbehinderten Kinder beim Lernen beeinträchtigen würde oder ob in »Sonderschulen« umgekehrt die Lernbehinderten ausgegrenzt werden. Ich bin kein Experte dafür. Grundsätzlich aber betrachte ich es mit Skepsis, wenn so genannte Randgruppen unter sich bleiben, wie dies beispielsweise in vielen Reha-Zentren passiert. Die Leute damals in meinem Reha-Zentrum waren dort so abgeschottet, dass sie meiner Meinung nach überhaupt keinen Realitätsbezug haben konnten.

Bei der Inklusion geht es ja im Wesentlichen darum, Vielfalt (also Diversität) wertzuschätzen und dieses Prinzip in Bildung und Erziehung zu integrieren. Der Begriff leitet sich ab vom lateinischen Verb includere: beinhalten, einschließen, einsperren. Die inklusive Pädagogik geht noch über den Begriff der reinen Inklusion hinaus. Sie benutzt Mottos wie »Es ist normal, verschieden zu sein«, »Vielfalt macht stark« oder »Jedes Kind ist besonders«. Diese Form der Pädagogik wird als Aufgabe für die gesamte Gesellschaft gesehen und fängt daher schon bei den Kindern an. Indem ich mich ihren Blicken und Fragen aussetze, lege ich die Grundsteine für ihren späteren Umgang mit Situationen, in denen es zu Berührungspunkten mit dem Thema Behinderung kommt.

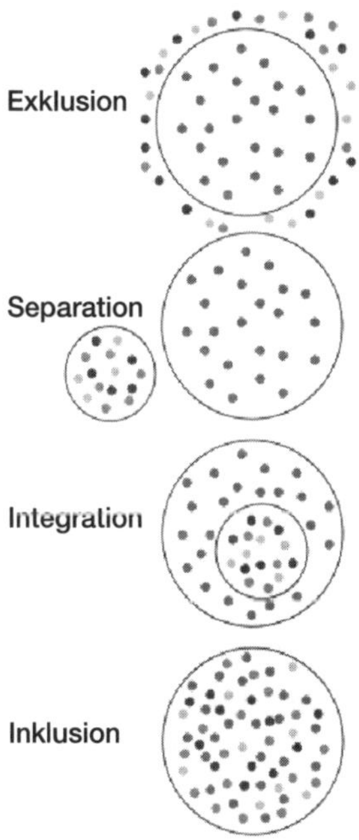

Wenn Inklusion glückt, dann ist es egal, ob du keine Ohren oder Beine hast. Jeder bringt dann seine Stärken in die Gesellschaft mit ein, jeder ist wichtig und ein Teil des Ganzen. Es gibt keine Außenseiter mehr und niemanden, der »anders« ist und damit »nicht wie wir«.

◆

Meine Tochter nahm erst ab dem Moment wahr, dass ich behindert bin, als andere Kinder zu ihr sagten: »Dein Papa hat ja gar keine Beine!« Als sie etwa zwei oder zweieinhalb Jahre alt war, fragte sie mich abends beim Vorlesen, warum das so sei. Ganz positiv und neutral war die Frage, denn sie kannte es ja nicht anders. Da habe ich ihr erklärt, dass ich einen Unfall hatte und man danach die Beine abnehmen musste. Das war dann erst einmal ok für sie. Aber schon bald fiel ihr eine neue Frage ein: »Warum musste man die Beine denn abnehmen? Und wo sind die jetzt, die Beine?« Ich habe ihr gesagt, dass die wahrscheinlich verbrannt worden sind, weil die ja kaputt waren und man sie nicht mehr gebrauchen konnte.
Je älter Emely wurde, desto mehr Fragen stellte sie, und desto genauer wollte sie wissen, wie das alles passiert ist. Ich habe ihr dann von meinem Motorradunfall erzählt, dass ich auf die Straße gefallen bin, dass ein Lastwagen kam und über mich drüber gefahren ist. Ich habe es ihr einfach so erzählt, wie es war, ohne besondere Dramatik. Danach hat sie sich, selbstbewusst wie sie ist, im Kindergarten vor die anderen Kinder gestellt, wenn die mal wieder nach meinen Beinen gefragt haben, und gesagt: »Mein Papa hat einen Unfall gehabt und deswegen sind die Beine ab.« Damit war das Thema für sie erledigt. Sie sieht mich jeden Tag ohne Beine. Und es macht ihr überhaupt nichts aus. Warum auch? Sie liebt ihren Vater so, wie er ist. So wie ich mein Kind liebe, wie es ist.
Emely schnappt viel auf von meinem Leben mit Behinderung.

Wenn wir im Auto zusammen unterwegs sind und ich mich aufrege, dass wieder mal Autos ohne blauen Parkausweis auf dem Behindertenparkplatz stehen, bekommt Emely das natürlich mit. Irgendwann gehe ich dann mal nichts ahnend mit ihr durch die Stadt. Bei einem Behindertenparkplatz schaut sie auf die Zeichen und die Autos und macht mich plötzlich aufmerksam: »Papa, der darf da gar nicht stehen, der hat überhaupt keinen Ausweis!« Ich finde es gut, wenn mein Kind darauf achtet – das gehört für mich zum Inklusionsgedanken dazu. Mein Kind wächst mit einem behinderten Vater auf und hat auch schon andere Menschen mit Handicap kennen gelernt. Mit ihnen hat sie ebenso kein Problem. Am Anfang kam natürlich immer wieder ein: »Guck mal, Papa, der sitzt auch im Rollstuhl.« Oder sie wollte wissen, warum jemand im Rollstuhl saß, obwohl er noch Beine hatte. Für sie war »Rollstuhl« zunächst gleichbedeutend mit »keine Beine haben«. Da habe ich ihr erklärt, dass der eben eine andere Behinderung hat als ich und deswegen mit Beinen im Rollstuhl sitzt. Fertig. Thema abgehakt.

◆

Kinder rutschen übrigens in der Regel nicht in die Respektlosigkeit; das ist eher ein Verhalten von Erwachsenen. Kinder behandeln dich anständig. Sie sind zwar direkt, überschreiten aber keine Grenzen und werten nicht ab. Wenn die Kinder ihren Eltern von ihrer Begegnung mit mir erzählen, wirken sie oft wie ein Katalysator zwischen den erwachsenen Eltern und mir als Mann mit Handicap. Kinder nehmen Erwachsenen etwas ab, denn sie schauen und berichten dann davon, was sie gesehen haben. Erwachsene sagen empört: »Schau da nicht hin!«, aber nur wenn man hinschaut, kann man fragen und die Eltern sehen, dass die freundliche Neugier ihrer Kinder Verbindungen schafft.

Als Vater weiß ich heute, wie extrem wichtig es ist, den Kindern immer Antworten zu geben, ob man nun behindert ist oder nicht. Kinder sind wie ein trockener Schwamm, eine unbeschriebene Festplatte. Wenn du ihnen nichts lieferst zum Draufspeichern, dann bleiben sie leer, also unwissend. Und als Mensch mit Behinderung musst du den Kindern noch mehr Futter geben. Das ist das Wichtigste: Reden, Erklären, Vorleben, Antworten geben und wenn nötig dutzendmal wiederholen.

◆

Als die Mutter meiner Tochter Emely und ich Eltern wurden, haben wir uns gegenseitig die Angst genommen, das *nicht hinzukriegen*. Wir haben uns ermutigt, dass wir es schaffen werden, denn der Wunsch, ein Kind zu haben, war bald viel größer als jede Angst. Wir sind beide von unseren Eltern zu jeder Zeit unterstützt und gefördert worden, in allen Bereichen. Deswegen hatten wir ein Urvertrauen – es war klar, dass wir unserem Kind viel zu geben haben würden.
Menschen aus unserem Umfeld, die Bedenken geäußert haben, dass ich Vater werden wollte, gab es nicht. Und ich hätte denen auch sicher was erzählt! Fragen hätte man mir schon stellen dürfen, es wäre nur auf das »Wie« angekommen. Etwa: »Wir stellen uns vor, dass es nicht so einfach für dich ist, hast du dir schon mal Gedanken darüber gemacht, wie ein Kind zu händeln ist?« Aber es gab niemanden, der fragte. Entweder hat sich keiner getraut oder es gab einfach nichts dazu zu sagen, weil ich ausstrahlte, dass es geht.
Ich war mir auf jeden Fall jederzeit sicher, dass es funktioniert, denn ich war jung und strotzte vor Kraft. Egal was kam, egal welcher Wunsch sich in mir regte, ich dachte immer: »Alles kein Problem!« Heute, ungefähr fünf Jahre später, würde ich einiges anders regeln. Wenn ich jetzt noch einmal Vater wür-

de, hätte ich den Wunsch, einige Aufgaben und Verantwortlichkeiten abzugeben. Zum Beispiel ist es für mich körperlich sehr anstrengend, einen Säugling regelmäßig zu versorgen. Hin und wieder war es sogar gefährlich. Wenn ich Emely als Baby auf dem Arm hatte, wo hätte ich sie schnell mal ablegen können, wäre es nötig gewesen? Andere Rollifahrer fahren einfach mit ihren Kindern auf dem Schoß durch die Gegend, aber genau der Schoß fehlt bei mir ja! Ich dagegen hatte das Kind auf einem Arm, musste aufpassen, sie festzuhalten, und rangierte mit der anderen Hand mit meinem Rollstuhl. Irgendwann fiel mir ein, mein Kind einfach in einer Babyschale zu transportieren; das war einfacher und sicherer. Auch in der Wohnung. Aber trotzdem – Emely musste schon Einiges mitmachen mit ihrem alten Herrn. Zum Glück war sie von Anfang an ganz schön robust.

Kindersitze für Rollstühle wären mal eine Erfindung wert. Dass es so etwas bisher nicht gibt, zeigt, dass die Gesellschaft hier noch zu lernen hat: Man rechnet wohl nicht damit, dass behinderte Menschen auch gelegentlich Sex haben und somit hin und wieder sogar Kinder zeugen. Ich habe mir schon Gedanken gemacht, ob ich so einen Kindersitz mal entwickeln sollte, schließlich haben ja auch andere Rollstuhleltern diese Schwierigkeiten. Wer keine Beine hat, muss entweder ständig eine Karre vor sich herschieben, in der das Kind liegt – was man aber vor allem zuhause sicher nicht dauernd machen will und vielleicht aus Platzgründen auch gar nicht kann –, oder das Babyhüten bleibt am Partner hängen. Dann bist du mal wieder »der Behinderte«.

Auch Kinderwagen schieben ist nicht so einfach, wenn man sich mangels Beinen mit den Armen fortbewegt. Das will geübt sein. Die Herausforderung wird sogar noch größer, sobald es bergauf oder bergab geht. Dann wird es richtig lustig! Also,

wenn Sie behindert sind und gerade ein Baby planen: mit dem Kinderwagen am besten die Ebene suchen, dann kann man sein Kind schön hin und her fahren. Bergtouren allein mit dem Kind sind als Rollifahrer nicht drin. Und dennoch ist vieles möglich, von dem man zunächst nicht glaubt, dass es funktionieren könnte. Immer wieder versuchen und ausprobieren – das ist für behinderte Menschen wichtig, um den eigenen Handlungsrahmen abzustecken und gegebenenfalls unterstützende Hilfen zu erbitten. Als ich mit dem Handbike unterwegs war, habe ich mir hinten einfach einen Kinder-Anhänger befestigt. Auf diese Weise konnte ich mein Kind hinter mir herziehen, und das war sehr praktisch. Es gibt viele Bereiche, in denen die eigene Kreativität gefordert ist und man sich einfach etwas überlegen muss. Unkonventionell zu sein, ist die schönste Herausforderung, die ein Handicap mit sich bringt. Das gilt auch für Alltäglichkeiten wie den Einkauf.
Wenn ich das Kind in den Einkaufswagen stelle, ist der Wagen schon zu drei Vierteln voll. Wo packe ich denn dann nur meine Einkäufe hin? Mit dem Auto und der Babyschale zum Einkaufen zu gehen, ist ein ordentlicher Aufwand; man braucht ausgefeilte Abläufe: Babyschale ins Auto, zum Supermarkt fahren, dort den Einkaufswagen holen, das Kind bleibt solange im Kindersitz im Auto und schaut kurz zu, wie sich Papi entfernt – jetzt bitte, bitte nicht anfangen zu schreien! Dann den Einkaufswagen vorsichtig neben das Auto stellen – wir wollen ja keine Kratzer im Lack –, Babyschale aus dem Auto heben und in den Einkaufswagen stellen. Das dauert natürlich eine Weile und ist bei strömendem Regen besonders lustig. Während des Einkaufens das Kind immer schön bei Laune halten, damit es im Einkaufswagen nicht anfängt zu weinen. Nach dem Einkauf alles wieder rückwärts. Das kann verdammt anstrengend sein!

Inzwischen gebe ich mir das nicht mehr und gehe immer mit einem Rucksack einkaufen. Aber ich brauche für alles meine Arme. Zunächst mal für meine eigene Fortbewegung, dann aber auch noch, um den Zwerg von A nach B zu setzen und Einkäufe einzupacken. Das ist wirklich anstrengend!
Zu dieser Zeit, als Emely noch ganz klein war, war ich abends oft völlig erledigt. Gut, andere Eltern auch, aber die klemmen sich das Kind zur Not einfach mal unter den Arm, wenn es brüllt, und gehen mit ihm um den Block, bis es ruhig wird. Solche einfachen Methoden hätte ich damals auch gern angewandt, aber bei vielen Dingen ist die Mithilfe einer zweiten Person einfach von Nöten.

Insbesondere auf Kinderspielplätzen gibt es Barrieren und es ist nicht leicht, ein Vater im Rollstuhl zu sein und mit dem Kind »einfach mal« dort zu spielen. Häufig sind die Flächen mit Sand bedeckt, sodass man als Rollifahrer nur ein paar Meter weit kommt, bis sich die Räder eingraben, blockieren und man stecken bleibt. Hurra! Strandurlaub ohne Rückfahrschein. Dann kann man warten, bis die Sonne aufgeht, während das Kind gerade von der Schaukel fällt oder einen Hang zu schnell nach unten krabbelt.
Das Gefühl, im Treibsand verloren zu sein, kenne ich auch von meinen Strandurlauben. Da stehst du, wenn du Pech hast, mitten in der Strandprärie und kannst dir an den Fingern abzählen, wann die nächste Flut kommt und was das Meer mit dir und deinem Rollstuhl macht. »Schiff ahoi«, kann ich da nur sagen, oder auch »Land unter«. Nun werden Spielplätze zwar nicht geflutet, aber anstelle von Sand täten doch auch Gummimatten gut. Die sind übrigens auch weicher für die Kids, wenn sie mal hinfallen.
Einmal wollte Emely, dass ich sie auf der Schaukel anschubse. Die Schaukel stand auf einer Sandfläche. Ich fuhr in den Sand und kam nicht wieder heraus. Konnte sie nicht mal anstoßen, weil ich genau im Schwungkanal der Schaukel geparkt hatte. Direkt neben der Sandfläche war aber zum Glück eine Wiese. Auf die habe ich mich dann gesetzt, den Rolli aus dem Sand gezerrt und mich auf der Wiese wieder hineingepflanzt. So konnte ich mich endlich erneut fortbewegen. Das ging aber alles nur, weil ich sehr sportlich unterwegs bin. Heute bin ich schlauer: Wenn Emely auf den Spielplatz will, erkläre ich ihr, dass wir noch jemanden brauchen, weil sie, wenn sie irgendwo hochklettert und allein nicht mehr runterkommt, warten müsste, bis die Feuerwehr kommt. Bei bestimmten Spielgeräten weiß ich heute, dass ich sie, wenn sie mit mir allein unter-

wegs ist, dort nicht spielen lassen kann, eben weil ich ihr im Notfall nicht helfen könnte.
Nun sind auf Spielplätzen ja zum Glück auch oft andere Eltern mit ihren Kindern, die meine »hilflose« Situation erkennen und einfach für mich einspringen. Das ist toll! Noch schöner wäre aber eben doch mehr Anpassung der Ausstattung an die Bedürfnisse von Eltern mit Behinderung. Wir sind da wirklich eingeschränkt. Noch schwieriger ist es im Schwimmbad. Dorthin würde ich mit meinem Kind nie allein gehen. Viel zu gefährlich, denn ich käme nicht hinterher. Weggelaufen ist mir Emely allerdings noch nie – ich glaube, sie hat von Anfang an gewusst, dass ihr Vater ihr nicht adäquat nachkommen kann.
Letztendlich geht es doch nur um eins: um die berechtigte Teilhabe am öffentlichen Leben, und die spielt sich – ganz besonders wenn man Vater ist – eben auch auf Kinderspielplätzen ab. Mit und ohne Rollstuhl.

◆

Es gibt viele individuelle Lösungen im häuslichen Bereich und im eigenen Umfeld, die das Zusammenspiel von Menschen mit Behinderung mit ihren Kindern erleichtern können. Aber sobald es nach draußen geht, sind einige Dinge einfach nicht machbar. Das muss man akzeptieren und sein Leben danach ausrichten. Oder diese Bereiche umgestalten! Ich allein mit dem Kind auf dem Rummelplatz? Wie soll ein kleines Kind ohne meine Hilfe auf ein Karussell kommen? Da braucht es schon wieder Hände und Füße von außen. Manchmal verabrede ich mich mit anderen Familien, um Emely diesen Spaß mit mir zu ermöglichen. Ich bin dann zwar dabei, kann aber keine 100-prozentige Betreuung sicherstellen. Wenn du dir über solche Dinge den Kopf zermarterst und dir diese Einschränkungen große Schwierigkeiten machen, dann darfst du als Mensch mit Behinderung kein Kind bekommen. Es ist wichtig, diese Barrieren zu erkennen und zu benennen, damit man mit ihnen umzugehen lernt und sie irgendwann verschwinden.

Die Kinder, mit denen ich in Schulen spreche, die Klassen, in denen ich lese, die wissen jetzt, dass es auch Menschen gibt, die nicht einfach in jedes beliebige Haus und auf jeden Rummelplatz gehen können. Wer weiß, vielleicht werden ja ein paar von ihnen Architekten und erinnern sich dann daran, dass für eine Vielzahl von Menschen Rampen eine prima Sache sind.

Ich kann meinem Kind Liebe und Geborgenheit schenken – das ist das Wichtigste, was es braucht. Außerdem kann ich es für das Leben fit machen, indem ich es bestärke, fördere, ihm Mut mache, neue Wege zu gehen. Am besten gelingt mir das, wenn die Umgebung lebensleicht und damit für mich stressfrei ist.

◆

Zu meinem Vatersein gehört für mich auch, bei bestimmten Ereignissen Präsenz zu zeigen. Hin und wieder gibt es ein Elterntreffen in einer Kneipe in Darmstadt, in die ich mit dem Rolli allerdings nicht rein komme, weil davor Stufen sind. Also muss ich den anderen Eltern natürlich klar machen, dass sie bitte möglichst einen Ort für diese Elternabende wählen, der auch für mich zugänglich ist. Ich möchte ja daran teilnehmen und muss deshalb den Mund aufmachen, damit die anderen Eltern merken, dass nicht jeder Raum und Ort geeignet ist. Das nächste Mal ist es dann schon klar, aber von selbst wäre wohl kaum einer darauf gekommen.

Wenn ich mir also etwas wünschen dürfte, dann dies, dass unser Land noch viel mehr Möglichkeiten bietet, damit wir alle aufeinander treffen. Von der Tanzschule bis hin zur Gärtnerei.

Unser aller Leben wird gewinnen, wenn wir die Welt nicht mehr aufteilen in gesunde und benachteiligte Menschen.
Wie gesagt: Diese gedankliche Hürde überwindet man am besten durch Begegnung mit denen, die unverblümt und unerschrocken hinschauen, die direkte Fragen stellen und sich nicht abwimmeln lassen – Kinder. Mit und von Kindern lerne ich fürs Leben. Sie sind mein Kreativpool und helfen mir, neue Lösungen und Antworten zu finden. Falls Sie Fußgänger sind und auch auf andere Handicaps verzichten müssen, kann ich Ihnen nur empfehlen, sich dennoch immer mal wieder von einem Kind begutachten und befragen zu lassen. Kinder sehen Details, die du selbst nicht siehst, und das ist oft ganz schön spannend.

KAPITEL 8
Natur

Seit Urzeiten tanken Menschen Kraft in der Natur, erfahren Harmonie, Ausgleich und kommen wieder zu sich selbst. Natur ist etwas Gigantisches, wenn man ihr die Chance gibt, es einem zu zeigen. Man denke nur an die anmutigen Berge oder die riesigen Wälder, die sich vor einem ausbreiten und die die Lunge von Mutter Erde bilden. Das saftige Grün im Frühling, das Hitzeflimmern über den Wiesen im Sommer, das flammende Bunt im Herbst oder das Puderweiß im Winter. Ich liebe die Natur. Nicht umsonst bin ich deswegen mit meinem Hand-Bike oder auch zu Fuß so oft draußen anzutreffen. Ich liebe es, mir den Wind um die Nase wehen zu lassen, wenn ich durch Gegenden fahre, die verborgen und abseits gelegen sind und wo ich meine Ruhe finde. Am liebsten fahre ich natürlich auf Straßen. Denn Sie können sich das sicherlich vorstellen und es ist nicht von der Hand zu weisen, dass man sich als Mensch im Rollstuhl am ehesten auf Asphalt und gut befestigten Wegen fortbewegt. Und damit bin ich auch schon wieder abgeschnitten von all dem, was die Füßler so schätzen: steile Pfade, enge Täler, verborgene Böschungen, dichte Wälder oder gar das Dickicht des Dschungels … Da komme ich schnell am meine (Mobilitäts-)Grenzen.

◆

Meine Brüder und ich wuchsen im schönen Odenwald auf. Behütet in einem Nest mit Namen Georgenhausen und umgeben von purer Natur. Weit ab von der Straße, zwischen Kornfeld und Apfelbaum. Das tägliche Spielen am Bach oder das Errichten von Baumhäusern und Hütten im Wald gehörte zu unserem Alltag. Wir hatten eine wirklich tolle Kindheit. Und das hatte, neben unseren liebevollen Eltern, auch mit Natur zu tun. In der Natur konnten wir unsere Kräfte loswerden – wohl auch zur großen Freude unserer Mutter, denn so waren wir abends ausgelastet und gingen ihr nicht mehr übermäßig auf den Keks. Rabauken wie wir müssen einfach raus und sich austoben. Heute wohnen wir alle in der Stadt und genießen die Vorzüge der erschlossenen Wege und Einkaufsmöglichkeiten, das Entertainmentangebot und die Nähe zu unseren Freunden. Und dennoch würde ich mich weiterhin als Naturmensch beschreiben.

Die Natur gibt einem Kraft. So sollte es zumindest sein. Mich kostet sie auch oft Kraft. Denn selbstverständlich würde ich auch gerne mit meiner Tochter Pilze suchen gehen. Aber im Rollstuhl ist es eben ein bisschen schwieriger, durch den Wald zu stapfen, als auf zwei Beinen. Es sei denn, ich will in Kauf nehmen, dass ich an irgendeiner Wurzel hängen bleibe oder bei der intensiven Sichtung eines Steinpilzes weit nach vorne gebeugt mitsamt dem Rollstuhl den Waldboden küsse wie der Papst die heilige Erde.

Ich möchte auch nicht dauernd geschoben werden, wenn es nicht sein muss. Das habe ich ja schon mehrfach gesagt. Selbstständigkeit ist für mich einer meiner höchsten Werte und das Gefühl der ständigen Abhängigkeit macht mich regelrecht krank. Dann werde ich erst richtig behindert! Ich will mich allein fortbewegen und im ersten Schritt selbst meinen Mann stehen. Außerdem kann ich so richtig Ruhe und Frieden in der Natur nur dann finden, wenn ich allein bin, mit mir, mit der Stille, den Vögeln, den Geräuschen der Natur, den schönen Farben, der guten Luft und dem Geruch der Erde. Natur ist ein Gesamterlebnis.

◆

Ich bin ein sportlicher Typ und wenn ich noch Beine hätte, dann würde ich sicher Felswände hochklettern und Berge besteigen. Oder mit dem Kajak Bergflüsse runterdonnern. Oder wäre schon einmal über die Alpen gewandert. Aber so sehr ich die Extreme liebe und meine Grenzen erkunden will, alles wäre-hätte-würde ergibt an dieser Stelle überhaupt keinen Sinn. Ich bin zufrieden mit mir, akzeptiere über weite Strecken, was ich nicht kann, und bin sehr dankbar für das, was noch möglich ist. Und das ist nicht wenig!

Aber ich würde viel dafür geben, mal in einem Seilgarten, der vielleicht mitten in den Bergen liegt oder in einem Wald zwischen den Baumwipfeln aufgebaut ist, zu klettern und dieses Gefühl zu erleben, in der Höhe zu schweben. Mich von Baumkrone zu Baumkrone über Seile und kleine Plateaus zu bewegen. Mitten zwischen den Ästen, neben einem Eichhörnchen zu hängen. Sich vom Wind in den Bäumen sanft schaukeln zu lassen. Bestimmt ein großartiges Gefühl ...

... müsste ich nicht unten warten. Von meinem Rollstuhl aus kann ich nur schön nach oben gucken und den anderen Mut zurufen, aber ich kann es nicht vormachen. Ich kann nicht mitgehen und ich kann da oben in der Baumkrone niemandem die Hand geben.

Oder vielleicht doch? Ha! Aber hallo! Kaum zu glauben: Vor einiger Zeit trudelte mir eine Mail in die Box mit einer Anfrage, ob ich nicht für den Verein *Kubus e.V.* einen neu errichteten Teil ihres Klettergartens einweihen wolle, einen barrierefreien! In den vorhandenen Seilgarten ist dort mit einfachen, aber effektiven Mitteln eine so genannte Rollstuhlbrücke integriert worden.

Da ließ ich mich natürlich nicht lange bitten: »Klar mache ich das!« Ich war begeistert. Der große Tag der Einweihung kam und ich fuhr mit meinem Rolli an den Rand des Kletterparks, wo ich bereits erwartet wurde. Gurtzeug und Helm an, und dann ging es erst mal mit dem Aufzug kerzengrade hoch in die Luft. Den Schweiß, den ich in den wenigen Minuten da oben geschwitzt habe, kann ich im Geiste heute noch aus meinem Hemd wringen. Eigentlich waren es nur neun Meter, geschwitzt habe ich aber für fünfzig. Auf der Plattform habe ich dann erst einmal kurz durchgeatmet. Von wegen Natur genießen und so. Hätte ich noch Knie gehabt, dann hätten sie mir geschlottert wie Espenlaub.

Ein Super-Naturerlebnis: Ich spürte, wie die Bäume vom Wind berührt von rechts nach links schaukelten und dann auch noch im Kreis herum. Nichts für schwache Nerven! Habe ich eigentlich schon erwähnt, dass ich nicht ganz schwindelfrei bin? Oh Mann, Sitzmann, in was hast du dich denn da reinmanövriert?, dachte ich in diesem Moment, in dem es schon kein Zurück mehr gab.

Meine nächste Aufgabe bestand darin, aus eigener Kraft auf einem achtzig Zentimeter breiten Holzsteg die zehn Meter von der Plattform zum nächsten Baum zu fahren. Gruselig! Aber gut, es half nichts, jetzt war ich nun mal oben. Eine besondere Motivation waren für mich auch die etwa 100 Augenpaare der Gäste am Boden, die jede meiner Bewegungen mit großer Aufmerksamkeit verfolgten und die ganz klare Erwartung hatten, dass ich jetzt als erster Rollstuhlfahrer in der Geschichte dieses Hochseilgartens über diesen Steg fahren würde.

Es gab also wirklich kein Zurück mehr. Das Letzte, was ich auf dieser Welt getan hätte, wäre gewesen, mich wieder mit dem Fahrstuhl abseilen zu lassen. Ich, die Sportskanone! Der wilde Kerl! Eher wäre ich gestorben!

Es ging also los: Ich setzte vorsichtig meinen Rollstuhl in Bewegung und versuchte, meinen Blick ganz starr geradeaus zu halten (Die Natur interessierte mich in dem Moment nicht mehr die Bohne!), was mir auch weitgehend gelang. Vor und hinter mir liefen zwei Jungs, die mir das wunderbare Gefühl von Sicherheit vermitteln sollten, was nur halb gelang. Ich wusste, dass ich da allein durchmusste. Am Baum am anderen Ende des Steges angekommen, toste der Applaus vom Boden hinauf und das Blut in meinen Adern ebenso. Das war schon mal schön, aber erst die halbe Miete. Ich hatte nämlich auch eine Rückfahrkarte gelöst. Also das Gleiche noch einmal in die andere Richtung und dann nix wie abgeseilt. Mutter Natur, nein, Mutter Erde hatte mich erneut aufgenommen und ich war heilfroh, als ich wieder unten war.

Es geht also doch – mit dem Rollstuhl durch den Hochseilgarten. Auch wenn es ganz anders ist, als ich es mir vorgestellt habe. Aber ich würde es, glaube ich, noch einmal machen. Das Gefühl, mich überwunden und es geschafft zu haben, war den Schweiß allemal wert, den ich dabei geschwitzt habe. Und ein bisschen Nervenkitzel tut manchmal einfach auch gut.

Am meisten gefreut hat mich aber eigentlich nicht die Aktion an sich, sondern die Tatsache, dass hier jemand mitgedacht hat. Für Menschen wie mich. Denn für uns ist es gerade in freier Wildbahn kaum möglich, uns zu bewegen. Zum Beispiel gibt es ja auf entlegenen Hügeln oft wunderbare Burgen, Schlösser und versteckten Ruinen. Toll, wenn man die ohne Hilfe erwandern kann, um in den alten Mauern dem Leben vor unserer Zeit nachzuspüren. Aber leider ist mir der Besuch von Burgen und Schlössern, die weit abgelegen oder an Klippen liegen, meist ganz verbaut. Oder sie sind nur mit viel Mühe und vollem Einsatz zu erreichen. Also laden Sie mich bitte nicht zu Ihrer Hochzeit ein, wenn Sie vorhaben, auf einer Burg zu feiern. Ich weiß schlicht und ergreifend nicht, wie ich da hinkommen soll. Es sei denn, ich kann mit dem Auto bis in den Burghof fahren, so wie in Heidelberg. Hier könnte ich mich sogar auch von der alten Zahnradbahn nach oben bringen lassen. Oder doch nicht? Passt der Rollstuhl da überhaupt rein?

Natur bedeutet also oft entweder Vorabplanung oder Anstrengung für mich. Ich muss mich auf die Natur zubewegen und vorher sondieren, ob die Wege so beschaffen sind, dass ich mich auf ihnen bewegen kann. Die verschiedenen Alpenvereine geben mir in dieser Hinsicht gute Informationen. Aber es ist auch hier so, dass ich meine Aktionen immer erst einmal vorbereiten muss. Das kann lästig sein, wenn es einem nicht gelingt, die eigenen Lebensbedingungen zu akzeptieren. Zum

Glück habe ich damit jedoch keine Schwierigkeiten. Es ist, wie es ist. Alles eine Frage der Organisation und Einstellung.

◆

2001 habe ich zusammen mit der Kultur- und Sportgruppe Rhein-Neckar die erste Deutsche Rollstuhl-Trekkingtour organisiert und natürlich auch selbst daran teilgenommen. Es ging ins Allgäu. So richtig pioniermäßig. Tief hinein in ein Gelände, das für Rollstuhlfahrer nur schwer oder gar nicht erschlossen ist.

Alles fing mit einem Zeltlager unterhalb von Schloss Neuschwanstein an. Der Aufbau des Camps war für geübte Camper, die wir fast alle waren, kein Problem. Wir bauten unsere Zelte auf einem Wildrasenstück auf, das von Bäumen umgeben war. So weit, so gut.

Am zweiten Tag kam dann der Regen und machte aus dem idyllischen Plätzchen eine Schlamm-Matsch-Arena. Wir hatten also mit unserer Aktion in der schönen, aber rauen Natur noch nicht einmal richtig gestartet und erlebten schon die ersten Barrieren direkt vor der Nase. Aber Probleme sind bekanntlich dazu da, um gelöst zu werden. Gesagt – getan: Wir legten einfach ein paar Bretter aus, über die wir durch den Schlamm rollen konnten. Wo die auf einmal herkamen, weiß ich bis heute nicht, aber das war auch egal. An den folgenden Tagen fanden dann diverse Handbike-Touren statt, u.a. ein Ausflug zu einem nahegelegenen Flugfeld, wo wir uns, angekettet an einen Zweimanndrachen, in die Luft ziehen ließen. Nach der Schlammerfahrung mit ihren Bewegungseinschränkungen war dieses freie Fliegen gleich noch viel schöner und auch nicht so nass.

Am stärksten ist mir aber eine andere Tour in Erinnerung geblieben. Diese führte in zwei Etappen auf den Gipfel eines gewaltigen nahegelegenen Berges. Die erste Strecke schafften wir noch mit dem Rad. Ziel war eine Berghütte in schwindelnder

Höhe, in der wir in der Nacht vor der klirrenden Kälte sicher waren. Aber wie kommt man hoch ins Matratzenlager im ersten Stock, wenn weit und breit kein Aufzug wartet und alle, die einen hätten tragen können, selbst schon unter'm Sauerstoffzelt lagen? Ja, selbst ist der Sitzmann! Es musste einmal mehr die altbewährte Handarbeit sein, die mich und den Rest meines Körpers in Richtung Bett brachte. Also los; ran an die fünfundzwanzig Stufen des Grauens – die nach dieser Tagestour doppelt und dreifach in den Armen schmerzten. Aber das kuschelige Bett, ein kleines Paradies auf Erden, konnte mich entschädigen.
Am nächsten Morgen nahmen wir die zweite Etappe in Angriff. Frisch gestärkt, aber nicht geduscht, denn in die Dusche kam ich leider nicht rein. Über leichte Geröllfelder ging es bergauf. Dazwischen gab es immer wieder ein Stück erlösenden Asphalt, auch wenn der etwa so steil war wie die Holmenkollen-Skischanze in Norwegen. Das erste Stück »zu Fuß« zurückzulegen war schon sehr mühsam.
Schließlich kam ein Punkt, an dem es nicht mehr weiterging. Zumindest nicht aus eigener Kraft. Mitten im Wald wurde es so steil und unwegsam, dass fremde Hilfe notwendig war. So, jetzt hat dich die Natur also doch bezwungen, denkst du dann in deinem Karren sitzend, den du selbst nur mit Hilfe von zwei Skistöcken mitantreiben kannst, während zwei weitere Personen dir dabei helfen, nicht umzukippen, und dich den Berg hochschieben und zerren. Ein blödes Gefühl, vor allem für jemanden wie mich, der sich ja nur selten helfen lässt, weil er geradezu selbstverständlich den Wunsch verspürt, alles aus eigener Kraft zu machen. Doch in diesem Moment half es nichts, es konnte nur in dieser Art weitergehn. Und das alles zwei Kilometer entlang einer Felswand mit Blick in die Tiefe. Ich kann gar nicht sagen, wie froh ich war, als das hinter uns lag.
Aber die Belohnung für die Anstrengung und den Stress war

gigantisch: Oben angekommen empfing uns ein Wahnsinns-Panorama mit einem Sonnenuntergang, der sich gewaschen hatte. Das Gefühl, als ich da oben stand, verschwitzt und erschöpft, werde ich wohl mein ganzes Leben lang nicht vergessen. Ausgelaugt, aber glücklich – und mit einem weiteren Erlebnis in meiner Geschichtentruhe.

Die Natur hatte mir also all das abverlangt, um mir ihr schönstes Gesicht zum Abend zu zeigen. Das war völlig ok! Von diesem Gefühl zehre ich heute noch und es hat mich in den Jahren danach immer wieder ermutigt, neue Wege zu gehen und immer wieder Dinge auszuprobieren, die ich noch nicht kannte. Nur das hat mir letztlich viele schöne Erfahrungen möglich gemacht.

◆

Noch viel anstrengender ist die Begegnung mit der Natur freilich im Winter. Draußen herrschen Minusgrade, bei denen einem die Finger an den Greifringen des Rollstuhls festfrieren. Handschuhe kann man kaum benutzen, weil man sonst keinen Grip mehr hat und der Rollstuhl dadurch nahezu unkontrollierbar wird. Da wird es auf den Straßen nicht nur für Autos anstrengend. Der einfachste Weg zum Supermarkt um die Ecke wird im Rolli zu einem Abenteuer, ohne die Gewissheit, ob man jemals dahin zurückkehrt, wo man herkommt.

Ich muss im Winter immer schauen, dass ich bei meinen Ausflügen in die Natur Straßen habe, die von Eis befreit oder mit Salz gestreut sind. Und damit stecken wir schon mitten im nächsten Problem: Die Straße, in der ich wohne, wird immer erst sehr spät – oder gar nicht – vom Schnee geräumt. Das heißt für mich: Pause. Und wenn sie dann gestreut ist, ist es gut möglich, dass zu viele Splitter von der Steinstreuung auf der Straße sind. Das heißt, Rollstuhlfahren ist mit großem Knirschen und großen Mühen verbunden. Ist zuviel Salz im Streu, kann

das die Haut an den Händen sehr stark reizen. Schnell wird in einer solchen Zeit ein kleiner Auslauf schwierig für mich. Was sehr unangenehm werden kann, wenn zum Beispiel das Töchterchen Hunger hat, bei Papa aber der Kühlschrank leer ist. Was tun? In meinem Fall kann ich das Auto aus der Garage nehmen und in ein nahegelegenes Einkaufzentrum fahren. Tiefgarage bei Start und Ziel ist in solchen Fällen ganz praktisch. Da parkt man dann, ob Schnee oder Eis, immer schön im Trockenen und mit klaren Scheiben und kann seine Einkäufe unbeschwert besorgen und in den Wagen verladen.
So ein Einkaufszentrum ist ohnehin ein Rolliparadies. Man gleitet auf schön gebohnertem Boden dahin und hält nur an, wenn einem die Schaufenster einen atemberaubenden Anblick offenbaren. Im Sommer wohl temperiert und im Winter schön geheizt. Paradiesisch! Man kann sich ganz entspannt mehrere Meter am Stück bewegen, selbst wenn draußen der Schneesturm tobt, und hat dort alles, was man zum Leben braucht, unter einem Dach. Sehr, sehr praktisch. Für mich nicht wegzudenken. Annika geht lieber in der Stadt einkaufen, wo es die schönen kleinen schnuckeligen Läden gibt. Klar, da hat das Schlendern durch die Sträßchen und Gässchen schon einen besonderen Charme. Aber da treffe ich nun mal zu oft auf Stufen und hohe Türschwellen. Und wenn Schnee liegt oder wenn es regnet, bewegt sich der Spaßfaktor auch tendenziell gegen Null. Also lieber schnell ins Einkaufszentrum düsen.
Aber was macht der Mensch mit Handicap bei einem solchen Sauwetter, wenn er kein Auto hat und der Kühlschrank gähnende Leere zeigt? Schon wieder beim Nachbarn klingeln? Oder den Pizzaman anrufen, der dann die gleiche hoffentlich noch heiße »Fettplatte« bringt wie am Tag zuvor? Hilfe! Der Winter hat doch gerade erst angefangen. Oft helfen mir Familienmitglieder oder Freunde weiter, wenn gar nichts mehr

geht. Aber Unabhängigkeit und Eigenständigkeit sehen natürlich anders aus!
Einmal lag vor meiner Tür soviel Schnee, dass ich selbst mit meinem allradbetriebenen Auto die Auffahrt der Tiefgarage bei mir zuhause nicht mehr hochkam. Ich bin froh, dass mir das nicht so oft passiert ist, denn dann bin ich trotz Auto plötzlich wirklich völlig unmobil.

◆

Natur im Winter bedeutet auch, dass ich dick angezogen sein muss, wenn ich unterwegs bin. Dicker als Fußgänger, weil ich sitzend einfach mehr friere als jemand, der sich bewegt. Da wird jede Ankunft in einem geschlossenen Raum zu einem Riesenakt, bis ich mich von den ganzen Textilschichten befreit habe. Ich sehe dann oft aus wie ein Michelin-Mann, dem sie die Füße geklaut und dafür Räder drangeklebt haben.
Und: Natur im Winter heißt, zum Stubenhocker werden und Couchpotato. Denn Parks im Winter sind wunderschön, aber selbst dort, wo Wege vorzufinden sind, sind sie doch alle mit Eis und Matsch bedeckt, wo ich mit meinen Rädern nur stecken bleibe. Und ohne Rollstuhl kann ich mich leider überhaupt nicht bewegen.
Das sage ich nicht – und soviel wissen Sie inzwischen hoffentlich von mir – aus Selbstmitleid. Ich sage es nicht, um Ihr Bedauern zu erwecken, sondern viel mehr um Verständnis zu schaffen. Denn vieles, was Füßler, nicht-behinderte Menschen, erfreut und nährt, ist für Menschen wie mich schwer erreichbar – oder sagen wir mal so: schwerer erreichbar.
Tatsache ist: Barrierefreie Natur gibt es nicht. Und überall da, wo sie barrierefrei gemacht wird, ist sie nicht mehr Natur, sondern Park. Natürlich gibt es verschiedene Seiten im Internet, die mir helfen, Orte zu finden, an denen ich mich in der Natur bewegen kann. Auch wenn ich mal Urlaub machen

möchte. Zum Beispiel *www.nationalpark-harz.de/de/naturer-leben/barrierefrei_erleben/*.
Es gibt allerdings auch in diesem Bereich noch viel zu tun, gerade weil die Pioniere im Rollstuhl noch nicht auf allen Wegen langgerollt sind. Vieles, was man als Füßler spontan draußen erlebt – mal eben raus gehen, mal eben los ziehen, sich mal eben mit jemandem auf die grüne Wiese setzen –, ist leider nicht immer Teil von meinem Aktionsradius. Und das finde ich sehr schade, weil ich ein spontaner Mensch bin und meiner Tochter Emely auch die Natur nahebringen möchte. Man kann ja soviel entdecken, wenn man aufmerksam hinschaut und hinhört.

◆

Wie es früher mit dem Rollstuhl auf dem Land, vor allem in den kalten Jahreszeiten gewesen wäre, möchte ich nicht einmal erahnen. Da hortet man am besten ganz viele Vorräte und Holz zum Feuern in der Kammer. Und baut sich vielleicht eine Schneefräse zum coolen Behindi-Gefährt um, damit man zu Weihnachten auch mal in die Kirche kommt und andere Menschen sieht.
Diese Einschränkungen im Winter oder auch bei starkem Regen, bei dem ich liebend gerne wie Emely durch die Pfützen springen würde, habe ich durch verschiedene andere Aktivitäten wie zum Beispiel Radfahren, Autokinobesuche, den Tag in der Mukkibude oder kochend am Herd für meine Lieben kompensiert. Denn wenn einem etwas genommen wird, wird einem auch immer etwas anderes dafür gegeben. Natürlich vorausgesetzt, man ist dafür offen, es entgegen zu nehmen. Das ist meine ganz persönliche und echte Haltung zu diesem Thema.

◆

Für mich ist Skifahren im Winter eine gute Möglichkeit, um diesen speziellen Aggregatzustand des Wassers zu genießen.

Auf der Piste braucht man keinen Rollstuhl. Einfach rein in den Ski und los geht's. Das Skifahren ist ein tolles Beispiel für Inklusion, denn man ist mit all seinen Freunden und den anderen Ski-begeisterten Menschen im weißen Powder unterwegs und hat einen riesengroßen Spaß. Da wird natürlich auch geschaut und auf einen gezeigt. Das hat aber wohl eher den Grund, dass sich die Begeisterung der Menschen über die Pistensau auf drei Kufen, die da kommt, kaum in Grenzen hält. Beim Skifahren mit Handicap sitzt man in einer auf seine Körpermaße angepassten Schale, darunter befindet sich ein Federbein und dann kommt die Skibindung mit Ski. In beiden Händen hält man jeweils einen so genannten Krückski, der einem dabei hilft, die Kurven einzuleiten und im Stand nicht umzukippen.

Gegen Abend kehrt man dann mit allen anderen in einer Hütte ein und verleiht dem Abschluss des Tages einen besonderen Glanz.

Ein von mir getestetes Hilfsmittel, das den Winter und überhaupt den Alltag einfacher macht, trägt den charmanten Namen *Genny* und ist die Weiterentwicklung eines Segways, aber eben für Rollstuhlfahrer und alle anderen gehbehinderten Menschen.

Meine »Liebe« zu *Genny* begann am Fuße meiner Tiefgaragenausfahrt, die ich zwar bei trockenem Wetter auch mit dem Rollstuhl hochkomme, aber nicht, ohne dabei eine Schweißträne zu vergießen. Die *Genny* ist so kraftvoll, dass sie derartige Steigungen mühelos schaffen kann. Schnell oben auf der Straße angekommen, wechselte ich vom »Schildkröten-Modus« in den von mir selbst so getauften »Formel-1-Modus« und brauste in Richtung Park Rosenhöhe auf dem holperigen Gehweg entlang. Dort angekommen, waren weder Sandwege noch Schotterpisten oder Wiesen eine Schwierigkeit für *Genny*. Eine wirkliche Erleichterung, auch um beispielsweise mal mit dem Hund Gassi zu gehen, wenn es regnet oder Schneematsch auf den Wegen liegt. Besonders schön ist: Mit *Genny* bekommt man keine eingefrorenen Finger an den Greifringen, denn *Genny* ist batteriebetrieben und auch super mit Handschuhen zu fahren. Aus meiner Sicht ein wahres Meisterwerk!

◆

Der Sommer macht es Menschen mit Behinderung um einiges leichter, sich draußen und auch uneingeschränkter zu bewegen. Im Winter träume ich mich dem nächsten Sommer entgegen, wenn es wieder schön warm ist und die Straßen wunderbar zu passieren sind. Wie gerne und oft fahre ich mit meinem Rad aus und habe in der Regel immer einen Tross

Freunde an meiner Seite, die mich begleiten. Es geht aus der Stadt raus in Richtung des nächsten Biergartens. Nun stehen wir vor besagtem – doch leider muss ich draußen bleiben, denn upps, da hat jemand vergessen, dass es sich nicht so gut rollt durch den tiefen Kies. Nun ja, auch der Sommer muss nicht perfekt sein. Dafür ist ein kleiner Besuch am Badesee immer drin bei diesen heißen Temperaturen. Da freut sich auch unser Hund über die Abkühlung. Es scheint sogar, als seien die »Gaffer« eher zu Hause oder im städtischen Freibad geblieben. Hier am See fühle ich mich schon richtig inkludiert in unsere Gesellschaft. Es geht eher familiär zu, wenn man das so sagen kann. Kaum vorzustellen, wenn hier am See neben der Wurstbude jetzt auch noch eine Toilette ...
Aber nein, das wäre wirklich zuviel verlangt. Auch ich muss da mit meinem Bedürfnis in den Wald gehen – mit allen Hindernissen.

◆

Der Sommer ist auch deshalb eine tolle Jahreszeit, weil man nicht so viel Kleidung am Körper tragen muss und sich daher viel besser und schneller in seinem Rollstuhl bewegen kann. Also: beste Voraussetzungen für schöne Ausflüge.
Falls Sie jemanden im Freundes-, Bekannten- oder Familienkreis haben, der ein Handicap hat und mit dem sie gerne mal einen Wander-Ausflug machen möchten, habe ich hier ein paar Ideen für Sie:

- Das *Darmstädter Vivarium* (Kleintierpark) ist barrierefrei und mit einem geteerten Weg problemlos zu begehen oder zu berollen.
- Der neugestaltete Kinderspielplatz am Steinbrückerteich (Darmstadt Dieburg) ist eine Grüne Oase in der Nähe der Stadt und ein barrierefreier Kinderspielplatz für den rollstuhlfahrenden Papa, der seinen Nachwuchs mal selbst

anschaukeln möchte. Öffentliche Verkehrsmittel fahren »bis vor die Tür«.

- Im *Weltkulturerbe Grube Messel* werden barrierefreie Führungen durch die Ausgrabungsstätte angeboten. Auch das Besucherzentrum ist barrierefrei. Parkplatz vor der Haustür!
- Der *Eckweg am Kaiserstuhl* zwischen Bahlingen und Eichstetten – ein Wanderweg, der im Teilstück asphaltiert und etwa 3 Kilometer lang ist.
- Der *Wild und Freizeitpark Allensbach* ist für jeden was! Auf rollstuhlfreundlich angelegten Wegen schlängelt man sich durch den Tierpark, in dem sich auch behindertengerechte WCs und einige Kioske befinden. Parkplatz vor der Tür inklusive. Die ganze Familie kommt hier auf ihre Kosten.

Für alle anderen, die spontan sein und Natur genießen möchten, bleiben die Orangerien oder natürlich auch Palmenhäuser. Letztere sind für mich ein besonderes Stück Natur, denn a) bin ich den Pflanzen ganz nah und b) habe ich in den Häusern angenehme Temperaturen und ein gutes Klima. Und dann sind auch noch die Wege ganz wunderbar angelegt. Ähnlich toll wie das Schmetterlingshaus auf der Blumeninsel Mainau, in dem ich mit Annika im Sommer war. Man kann durch gut angelegte Wege den Schmetterlingen behutsam, aber dicht auf die Pelle rücken und auch hier eine Art von Natur erfahren. Gut, es ist eine künstlich geschaffene, aber zu wählerisch sollte man meiner Meinung nach dann doch nicht sein.
Mir hat besonders gefallen, dass die ganze Insel mit dem Rollstuhl begehbar ist. Einziger Makel: Wenn man am Ende des Weges angekommen ist, muss man ihn komplett zurück laufen, da die einzige Alternative derzeit noch über geschätzte

1001 Stufen zum Schiffsanleger führt. Daran wird aber bereits gearbeitet. Mainau ist neben den Pfahlbauten in Unteruhldingen, die auch barrierefrei sind, eines der schönsten Ausflugsziele am Bodensee.

◆

Wenn ich mir etwas wünschen dürfte, dann wären es wirklich gute Wanderführer für Rollifahrer für Naturwege. Wandern mit behinderten Menschen. In der Zwischenzeit muss da aber doch noch das Internet herhalten, zum Beispiel die Webseite des Landesverbandes für Menschen mit Körper- und Mehrfachbehinderungen in Baden-Württemberg (www.rollstuhlwandern-in-bw.de).
Die hier aufgeführten Touren sind unterschiedlich lang und in drei Schwierigkeitsstufen, von »nahezu mühelos allein zu bewältigen« bis »aufgrund der Begebenheiten ist eine Begleitperson erforderlich«, gegliedert. Die beschriebenen Wege sind mindestens einen Meter breit und aufgrund ihrer Bodenbeschaffenheit grundsätzlich für Rollstuhlfahrer geeignet. Dennoch kann es natürlich Einschränkungen insbesondere durch unvorhergesehene Naturereignisse geben.
Natur erleben ohne Barrieren. Dieses Ziel verfolgt der Verband sehr hartnäckig und wird – Gott sei Dank – durch gute Sponsoren wie die Daimler AG unterstützt.

◆

Es wäre toll, wenn es noch mehr von diesen Seiten gäbe, sodass die Auswahl an Ausflugstipps, die für Rollstuhlfahrer und Menschen ohne Handicap geeignet sind, noch viel größer wird. Seiten, die Sie und ich und alle anderen gemeinsam füllen könnten. Wer weiß, vielleicht würden wir ja sogar ein Plätzchen finden, an dem wir gemeinsam mit unseren Familien und Freunden picknicken können. Da wäre sie ja dann wieder, die Inklusion. Hätten Sie nicht auch mal Lust dazu?

KAPITEL 9
Kunst, Kino und Kultur

»Lass uns doch mal ins Museum gehen!« Das ist eine super Idee an einem regnerischen Tag und ich will echt nicht nörgeln, aber in viele Museen komme ich einfach nicht hinein. Das ist hin und wieder eine Krux mit der Behinderung. Entweder muss ich »leider draußen bleiben«, oder ich darf sofort und mit Begleitung in die erste Reihe, an allen anderen vorbei, die vielleicht schon seit Stunden in der prallen Sonne stehen. Bei uns im Kulturzentrum *Alte Feuerwache* ist das zum Beispiel so. Der Raum ist groß und das Zentrum insgesamt sehr behindertenfreundlich, natürlich mit Ausnahmen, weil es sich hier, wie bei vielen anderen Stätten der Kultur, um einen Traditionsbau handelt. Auch das *Capitol*, ein umgebautes Kino, das zum Herzen der Stadt Mannheim zählt, hat Tradition und damit eben nicht überall Rampen und was der gemeine Behinderte sonst noch so mag. Wenn es um Kunst geht, tut sich da häufig eine Schere auf. Entweder hofiert oder ignoriert oder separiert. Nichts davon ist mein Ding. Wobei ich ehrlicherweise zugeben muss, dass das Hofieren doch manchmal angenehme Vorteile mit sich bringt, wenn man zum Beispiel bei Konzerten hinter die Bühne darf oder Plätze bekommt, von denen andere Zuschauer nur träumen können. Da ich meist jemanden mitnehmen darf, ist es bei mir das geteilte Glück; man macht nicht nur mir, sondern gleich zwei Menschen eine besondere Freude. Theater, Kunst, Musik, das bereichert das Leben, und Musik hat mich damals, nachdem der Unfall gerade passierte, vielleicht sogar gerettet.

Viele Konzerte, die ich besuchte, durfte ich im Backstage-Bereich erleben. Das hat allerdings nicht immer mit meinem Rollstuhl zu tun, sondern damit, dass Musik schon lange in mein Leben gehört und ich durch einige Fügungen und Freunde den einen oder anderen Musiker und Künstler kenne. Ich selbst spiele für mein Leben gern Gitarre. Mein Bruder ist begabt am Klavier.
Wenn der Backstage-Bereich nicht zugänglich war, habe ich mir einen größeren freien Platz in der Halle gesucht. Wäre das nicht möglich gewesen, hätte ich vermutlich auf so einer Behindi-Tribüne stehen müssen. In den Arenen dieser Welt gibt es fast immer eine Behindertenabteilung im ersten Rang. Ein Käfig voller Narren sozusagen. Da wollte ich nie landen. Bitte nicht auf diesem Präsentierteller, der 1,20 Meter über dem Boden schwebt und wo letztendlich doch alle neugierigen Blicke hinwandern, weil diese Tribüne wie eine Ausstellung von Freaks wirkt. Die Behinderten werden ab in die komfortable Ecke geschickt und damit »integriert«, aber richtig »dabei« sind sie doch nicht. Ich mag das nicht. Ich will mitmischen, mitsingen, mitklatschen und mittanzen. Eben mittendrin sein!
Konzerte sind aber für mich immer ein Wagnis, ganz besonders dann, wenn ich den Künstler nicht persönlich kenne, wie etwa Robbie Williams. Hockenheimring, neunzigtausend Menschen und geschätzte fünfzehntausend Dixi-Klos, von denen nur eine Handvoll für Behinderte vorgesehen war. »Bloß nicht zu viel trinken!«, sagte ich zu meiner Begleitung und meinte damit mich selbst. Die Behindertentribüne war bei diesem Konzert eine lang gezogene Rampe, die auf ein Plateau führte, von dem man – das war der Knaller dieses Konzertes – NICHTS sah. Hey, dachte ich, ich sitze vielleicht im Rollstuhl, aber ich bin nicht blind! Ein halbwegs

guter Blick auf Bühne und Künstler wäre doch wohl angemessen. Die Tribüne war riesig und etwa für 100 Rollstuhlfahrer vorgesehen. So viele waren aber nicht gekommen und die 20 oder 30, die mit mir auf der Tribüne standen, sahen völlig verloren aus, obwohl ja alle Begleitpersonen hatten. Da kommt Stimmung auf, wenn sich unten alles tummelt, und man selbst steht abseits herum wie ein einsamer Pilz im Wald. Ein bisschen mehr Gemeinschaft wäre toll gewesen – obwohl ja eine gewisse Beinfreiheit auch nicht zu verachten ist. Kleiner Scherz.
Halten wir also fest: eine Hand voll Behindertenklos, riesige Tribüne, Ausblick auf lauter Hinterköpfe sehr sexy , und Robbie Williams, der große Star, tanzte Hunderte Meter von mir entfernt wie ein kleines Legomännchen auf der Bühne herum, erkennbar für mich nur dank einer großen Video-Leinwand. Ich konnte also kein wirkliches Konzertgefühl aufbauen, und der Mann im Rolli neben mir sicher auch nicht, obwohl er mit einem Feldstecher ausgerüstet war. Das ist kein Genuss. Dafür gebe ich nicht gern mein Geld aus.

◆

Am liebsten habe ich Konzerte, wenn ich in der ersten Reihe stehe. Dann habe ich die Gemeinschaft mit den Füßlern, die neben mir sitzen, und kann gleichzeitig etwas sehen. Aber nicht bei allen Konzerten ist das machbar. Zudem kann es in der ersten Reihe auch gefährlich werden. Nehmen wir mal an, es kommt zu einer Massenpanik. Wenn da jemand von hinten schiebt und du hast dann auf einmal das Gitter vor der Nase, dann ist Endstation. Da kommst du nicht mehr raus. Zumindest habe ich noch nie gesehen, wie ein Rollstuhlfahrer über das Absperrgitter gezerrt wurde, damit er nicht verloren geht. Insofern ist Sicherheit bestimmt ein Aspekt, warum es Tribünen und abgesteckte Behindi-Bereiche gibt. Der Inklusionsgedanke bleibt dabei allerdings auf der Strecke. Es sei denn, man baut einen Konzertsaal, in dem es zwanzig Rollstuhltribünen gibt, die einfach wahllos im Raum verteilt werden. Das wäre Inklusion – inklusive Sicherheit –, wenn alles gemischt ist. Eine einzelne Tribüne ist nur Integration, das reicht noch nicht!

◆

Tendenziell mit Fragezeichen versehen sind Konzerte unter freiem Himmel, da die Örtlichkeiten nicht unbedingt behindertengerecht präpariert werden. Ein Konzert ist für mich ja nicht nur ein Hörgenuss, es müssen viele Faktoren stimmen, damit ich das Event wirklich genießen kann. Wenn Max etwa mit mir auf den Mannheimer Schlossplatz will, na dann ein dreifach Halleluja! Der Platz ist übersät mit Kopfsteinpflaster, also muss ich permanent auf den Boden glotzen, weil ich Angst habe, sonst zu stolpern und aus der Karre zu fliegen, weil vielleicht ein Stein quer liegt oder eine zu große Lücke im Pflaster ist. Also, Kunst und Kultur immer wieder gern, aber das Unterfangen muss auch von der Location her passen – man denke an die Anreise. Wenn ich für Kunst erst eine Weltreise unternehmen oder mit dem Rolli über Äcker wackeln muss, vergeht mir die Lust.

New York ist in dieser Hinsicht fantastisch! Und dafür nehme ich die weite Anreise dann auch in Kauf ... Die Stadt hat die Inklusion im Blut. Das merkt man überall, auch in den Museen. Das Guggenheim-Museum zum Beispiel ist komplett durchdacht. Wenn auch unbeabsichtigt. Es ist spiralförmig konstruiert. Von ganz unten spult sich eine lang gezogene Rampe mit stetigem Anstieg bis nach ganz oben, rechter Hand kann man die Kunst bestaunen. Einfach gigantisch.

In Deutschland sind die Museen leider nicht so fortschrittlich. In Frankfurt wollte ich einmal das Filmmuseum besuchen, was aber nicht möglich war, weil dies leider ein Museum mit Schild ist: »Behinderte müssen draußen bleiben.« Man kommt mit dem Rolli einfach nicht hinein. Treppen, soweit das Auge blicken kann.

Ganz anders war es bei den *Schlumpern* in Hamburg. Das ist eine Mischung aus Ausstellungshalle und Werkstatt für Künstler, in der auch Menschen mit Behinderung Kunst entwickeln und präsentieren. Solche Kunstzentren sind natürlich auf Menschen mit Handicap eingestellt, es gibt Aufzüge und jeder kann die Werke problemlos betrachten.

◆

Im Moment verändert sich diesbezüglich zwar sehr viel, aber es bleiben immer noch viele Orte für Menschen mit Handicap versperrt. Und nicht nur die sind betroffen, sondern vielleicht auch die ältere Dame, die mit dem Rollator unterwegs ist, oder der Herr mit dem gebrochenen Knöchel, der mit seinen Krücken auch mal aus dem Haus will, um nicht ständig auf seine Wohnzimmertapete starren zu müssen. Orte der Kunst müssen meiner Meinung nach also nicht nur behinderten-, sondern auch altengerecht sein. Diese andere Bauweise käme vielen Menschen zu Gute. Das sollten Stadtplaner und Architekten bedenken. Es gibt viel zu viele Gebäude, die völlig sinnlos strukturiert sind – und damit meine ich: gar nicht. Ganz oft muss man sich, wenn man im Rollstuhl sitzt und von A nach B will, über Umwege durch Nebenräume, Küchen oder Besenkammern schlängeln. Wenn man denn überhaupt reinkommt. Eine besonders ärgerliche, weil vermeidbare Tücke barg für mich die lange Nacht der Museen in Mannheim. Ich wollte ins Reiß-Museum, aber in einer großen Nacht läuft ja hin und wieder etwas schief … Logischerweise hatte nämlich der Hausmeister schon Feierabend und – uuuups: Der hatte den Schlüssel vom Aufzug mitgenommen. »Tut uns leid! Sie können hier heute leider nicht mehr rein.« Kein Hausmeister – kein Museumsbesuch für den Sitzmann.

An Rollstuhlfahrer wird einfach zu wenig gedacht. Da ist scheinbar der Druck nicht hoch genug, weder für Konzertveranstalter noch für den Betreiber eines sehenswerten Gebäudes noch für Museen. Und selbst die Kinos, die man ja alltäglicher besucht, sind oft nicht auf Rollstuhlfahrer eingestellt. In einem Kino in Viernheim hat man mich vor Jahren sogar mal die Treppe einfach hochgetragen, weil es keinen benutzbaren Aufzug zum Kinosaal gab. Hier muss tatsächlich noch was getan werden! Und das ist auch, wo wir gerade beim Thema sind, ein Grund, warum ich schon seit Jahren am liebsten ins Autokino fahre. Im Autokino gibt es keine Stufen. Da fährst du mit deinem Auto an die Kasse, lässt die Scheibe runter, bestellst dein Ticket und fährst gemütlich auf deinen Platz. Ob du mal aussteigst oder im Wagen sitzen bleibst, ist deine Entscheidung.

Autokinos wurden zwar nicht für Behinderte erfunden, aber für Rollifahrer sind sie ein Traum. Sie sind ein Vergnügen für beide: für Menschen mit und ohne Füße. Hier müssen keine Extrawürste gebraten werden und das ist super. Man ist als Rollstuhlfahrer einer von allen. Eben inkludiert. So macht Kino Spaß. Du sitzt in deinem fahrbaren Wohnzimmer, hast alles, was du brauchst, und musst keiner einzigen Stufe begegnen. Und wenn du alles gesehen hast, dann fährst du wieder nach Hause. So einfach ist das im Autokino, ganz unkompliziert! Vielleicht lässt sich das auch auf andere kulturelle Bereiche ausweiten?

◆

Hin und wieder gehe ich aber trotzdem auch ins normale Kino. Mittlerweile weiß ich ja, wo ich hingehen kann. Aber selbst, wenn ich ins Kino reinkomme, bedeutet das nicht, dass auch alle Säle für mich gemacht sind. Ich war mit Annika in *Ziemlich beste Freunde*. »Kein Problem«, meinte die Frau an der Kasse, als sie meinen Rollstuhl sah, und wir wurden in den Raum eskortiert – weil man mir ja permanent irgend-

welche Türen öffnen muss ... Und dann standen wir da, genau unter der Leinwand, noch vor der ersten Reihe, wo man zum Film die Genickstarre noch gratis hinzu geschenkt bekommt. Also, wäre das jetzt so ein Monster-Mörder-Actionfilm gewesen, mit schnellem und hektischem Bildwechsel, dann wäre mir an diesem Platz im Gehirn sicher eine Steckverbindung durchgeschmort. Aber dadurch, dass dieser Film lange, ruhige Sequenzen hatte, war das Ganze halbwegs zu ertragen. Trotzdem hätte ich mir meinen Platz schon sehr gern selbst ausgesucht. So wie jeder andere auch. Oder man sollte zumindest einen Mindestabstand zur Leinwand einführen.
Natürlich hätten wir uns den Film auch zu Hause ansehen können, aber das wäre dann nicht mal mehr Integration. Außerdem gibt es die DVDs ja erst nach einer bestimmten Zeit, und ich will doch mitreden und mit der Zeit sein. Auf dem Sofa ist es zwar gemütlich, aber da kommt keine Kinoatmosphäre auf. Das Popkorn schmeckt auch anders. Es ist wie beim Konzert. Das Erlebnis entsteht durch die anderen, die mit im Raum sind. Ich will die Stimmung spüren und die anderen im Saal lachen oder schniefen hören. Es gibt einige Kinos, die das erkannt haben und entsprechend eingerichtet sind. In diesen Kinos sitze ich dann mittendrin. Das ist toll, aber eben eine eher seltene, freudige Überraschung. Wenn du das Kino nicht kennst, dann sind Kinokarten wie ein Rubbellos.

◆

Wie viel besser ist es dagegen im Theater – zumindest in meiner Heimatstadt. Jedes Jahr an Weihnachten gehe ich ins Darmstädter Staatstheater. Im vergangenen Jahr war meine Tochter das erste Mal mit dabei. *Der Zauberer von Oz*, ganz toll inszeniert. Im Darmstädter Staatstheater kommt man als Rollstuhlfahrer in die Loge, wo du zusammen mit deiner ganzen Familie sitzen kannst und von der aus man einen fantastischen Blick auf das Geschehen hat. Für mich ist die Loge auch deswegen praktisch, weil ich mich am Geländer aufstützen kann, während ich das Theaterstück verfolge. Das Aufstützen entlastet mein Gesäß.

Das Staatstheater ist komplett renoviert und wurde sogar für den Große-Nike-Preis des Bundes Deutscher Architekten nominiert. Gewonnen hat es zwar nicht, aber für mich ist es dennoch absoluter Sieger, denn dieses Theater ist wirklich und wahrhaftig barrierefrei. Du kannst mit dem Auto unter das Theater fahren, alle Türen öffnen sich elektrisch und die Aufzüge liegen zentral. Außerdem ist alles super ausgeschildert.

Ganz anders die Alte Oper in Frankfurt. Hier musst du im Parkhaus, in das du geleitet wirst, erst mal wie ein Pfadfinder den Weg suchen, um wieder ans Tageslicht zu kommen. Ein Logenplatz ist auch nicht drin, weil es im Gebäude keinen Lift gibt, sondern nur ein Treppensystem. Ich saß also mittendrin, war daher eigentlich komplett inkludiert. Nur als Kim Wilde, auf deren Konzert ich mich befand, schließlich auf der Bühne wild wurde, so richtig Vollgas gab, da war auch das Publikum animiert und ich sah plötzlich nichts als lauter Hinterteile in Stoffhosen, Cordhosen und Jeanshosen. In diesem Raum gab es keine Behindertentribünen, sondern nur ein paar Rollstuhlfahrerplätze in einer Reihe, was im Grunde cool war, denn es war ja zumindest der Versuch von Inklusion – leider nicht ganz geglückt, aber immerhin auf einem guten Weg.

◆

Einmal stand ich selbst auf der Bühne – für ein Kinderprojekt, das Musiktheater *Farbula* –, und war als Erzählonkel der Geschichte engagiert. Sehr viele Schulklassen waren in das Projekt eingebunden und es gab ein Orchester, das aus Kindern und Erwachsenen bestand. Das Besondere: Ganz viele der kleinen und großen Akteure waren körperlich oder geistig behindert, aber trotzdem ins Stück eingebunden. Jeder hatte seine Aufgabe. Das war eine neue, tolle Erfahrung für mich, denn auf der Bühne gibt es keine Platzprobleme. Auch weil die Requisite Platz für einen reibungslosen Ablauf brauchte, kam ich mit dem Rollstuhl überall hin.

Das Stück war eine riesengroße Bereicherung für alle Kinder und natürlich auch die Zuschauer im Saal. Durch diese außergewöhnliche Möglichkeit der Begegnung erlebten sie, wie schön es ist, sich verbunden zu fühlen, und sie übernahmen instinktiv Verantwortung. So wurden auf allen Seiten Berührungsängste abgebaut, und es war sehr schön mit anzuschauen, wie die nicht-behinderten Kinder sich um die behinderten sorgten, sie führten, mit ihnen gemeinsam lachten und Spaß hatten. Das war Inklusionsarbeit nach meinem Geschmack.

◆

Filme wie *Rain Man* oder *Forrest Gump* leisten zwar auch amüsante Aufklärungsarbeit, aber was mich stört, ist die Tatsache, dass hier Menschen ohne Handicap Behinderte nachahmen. Warum kann man behinderte Rollen nicht mit einem Menschen mit Behinderung besetzen? Stattdessen werden Schauspieler ausgewählt, die wahrscheinlich in ihrem Leben zuvor noch nie in einem Rollstuhl gesessen haben. Das Ergebnis ist dann meistens nicht mal Schauspielerei, sondern Nachahmerei oder ein Bauernschwank.

Wenn man sich mit diesem Rollstuhlleben auskennt, erkennt man oft mit einem Blick, ob sich ein Schauspieler mit der Rolle des Behinderten auseinandergesetzt hat oder sich einfach nur in einen Rollstuhl hockt. Zuweilen werden dann Nebenrollen mit Behinderten besetzt, damit Filme, in denen eine Behinderung im Mittelpunkt steht, nicht zu gekünstelt wirken. Für die Kritiken ist das sicher wichtig, hat dieses Vorgehen doch Alibi-Wirkung – nach dem Motto: »Was wollen Sie denn, es hat doch ein Behinderter mitgewirkt!« Mit*gewürgt* würde besser passen.

◆

Einer der ersten Filme mit einem echten Behinderten, den ich sah, war *Kenny*. Das war ein Junge, der, weil er von Geburt an keine Beine hatte, auf seinen Händen lief. Leider zeichnete der Film kein sonderlich ermutigendes Bild, denn natürlich muss bei einem Film mit Behinderung immer auch Diskriminierung eine Rolle spielen. Das gehört wohl zum politisch korrekten Protokoll – und zur Dramaturgie.
Und doch: Filme über Menschen mit Behinderung, ob Dokumentation, Drama oder Komödie, erreichen viele Menschen auf allen Ebenen. Die Charaktere haben eine Vorbildfunktion und die Zuschauer übertragen das Gesehene häufig auf ihr eigenes Leben. So wie die Protagonisten in *Ziemlich beste Freunde*. Sie vermitteln etwas unheimlich Motivierendes und Lebensbejahendes. Der Film zeigt: Es ist völlig egal, was du erlebt hast, ob du in den Slums aufgewachsen bist oder eine Behinderung hast – du kannst trotzdem einen Weg finden, mit deinem Leben etwas Sinnvolles anzufangen und es zu genießen. Und obwohl in diesem Fall die Geschichte gespielt ist, sind im Abspann die wirklichen Akteure der Story zu sehen, wodurch die Zuschauer noch zusätzlich berührt werden. Der Film wirkt lange nach und deswegen denke ich, dass ich ihn mir noch mal anschauen werde – und dann vielleicht sogar in einem Kino, in dem das ohne Genickstarre möglich ist. Das sollte wohl möglich sein ...

KAPITEL 10
Mode

Es gibt vieles, das Menschen mit einem Handicap nicht mehr tun können. Und vieles, von dem sie glauben, es nicht mehr tun zu können – obwohl es durchaus noch machbar ist. Vielleicht können sie es nicht mehr genau so wie früher tun, aber verändert, als Variation, geht es immer noch. Und wer sagt denn, dass Variationen nicht genauso Spaß machen können wie das Gewohnte, das Naheliegende? Denken wir mal an Sex, da sind es doch gerade die Variationen, die die Leidenschaft erhalten, und nicht das ewig Gleiche und »Normale«.

Ich habe bisher viele Menschen mit einem Handicap getroffen, die erst einmal nicht über Variationen nachdenken wollten, sondern nur im bisher Gewohnten – und damit nicht mehr Möglichen – das Alleinseligmachende sahen. Sie sehnten sich zurück nach dem ganz gesunden, dem ganz vollkommenen Zustand. Ein Leben mit funktionierendem Kopf, Geist, Armen und Beinen. Ein Leben, in dem es ganz selbstverständlich und natürlich ist, beispielsweise einen Maßschneider aufzusuchen. Aber warum soll das mit einer Behinderung nicht auch möglich und selbstverständlich sein? Soll ich denn, bloß weil ich keine Beine mehr habe, oben herum nichts anderes mehr tragen als ausgeleierte Sweatshirts oder langweilige Baumwollhemden?

◆

Nur wenn ich mich selbst und meinen Körper liebe, kann ich auch andere lieben. Das hängt alles miteinander zusammen. Wenn ich drei, vier Tage hintereinander Sport treibe und mich danach stark und schön fühle, dann spüren andere das auch. Weil ich das ausstrahle. Zu einem guten Körpergefühl passt dann eine passende »Verpackung«. Ich will mich gut fühlen, das steht jedem Menschen zu. Und jeder sollte danach streben, ob mit oder ohne Handicap. Was Vorbilder und Idole angeht, liegen ganz klar die Füßler wieder vorn im Rennen. In jeder Zeitung, Plakatwand und in Journalen sind Schönheit, Mode und Stil vertreten. Die Werbung ist ästhetisch und auf Makellosigkeit poliert. Pickel, Narben, Unebenheiten kommen nicht vor, und sind sie doch mal da, werden sie retuschiert. Würde ich als Model auftreten, dann hieße das im Umkehrschluss, man müsste mir Beine an den Rollstuhl malen, denn ohne Beine bin ich eben nur ein halber Mann – und so was will die Werbewelt nicht sehen, heißt es. Man suggeriert uns die Existenz einer perfekten Welt, ohne Makel oder Abweichungen von der Norm, aber ich weiche ab – und halte mich trotzdem für attraktiv und modisch. Mich wohl zu fühlen, auch in meiner Kleidung, unterstützt mich bei meiner Arbeit und meinen öffentlichen Auftritten. Mode ist für mich eine Form von Selbstmotivation.

◆

Ich liebe es, mich beim Kauf beraten zu lassen. Außerdem habe ich durch meinen täglichen Sport Oberarme entwickelt, die kaum in eine Normgröße passen. Ich bin kein Standard! Von daher hatte ich nie Berührungsängste, wenn es darum ging, das Beste für mich auszusuchen. Das gilt für maßgefertigte Autos genauso wie für perfekt sitzende, maßgeschneiderte Jacken und Sakkos.

◆

Mein erster großer Besuch bei einem Maßschneider war im Jahr 2005, ein halbes Jahr vor meiner Hochzeit. Damit war der erste Besuch gleich auch der aufregendste, denn die Zeit vor einer Trauung kann – ob mit Beinen oder ohne – ganz schön kräftezehrend sein. Ich war vorher noch nie beim Maßschneider, weil ich vorher keine Sakkos oder ähnliches »Geschirr« besaß. Aber für diesen besonderen Anlass wollte ich mir etwas besonders Schönes schneidern lassen. Von der Stange hätte ich sowieso nichts bekommen, weil ich ja, wie gesagt, alles andere als ein schmächtiger Typ bin. Bestimmt wäre ich auch ohne Hochzeit irgendwann bei maßgeschneiderter Kleidung gelandet.

Beim Herrenschneider meiner Wahl herrschte eine angenehm dezente Atmosphäre. Später, als ich den Vergleich zu anderen Schneidern hatte, wurde mir klar, dass meine erste Erfahrung die beste war. Der Schneider hatte aus meiner Sicht Stil; er hätte mir zum Beispiel niemals rosafarbenes Innenfutter angeboten, wie es andere Schneider nach ihm taten. Auf die Idee muss man erst mal kommen: außen ein echter Kerl, und wenn er die Jacke aufknöpft, Ferkellook!

Mein erster Schneider passte mir den Hochzeitsanzug fantastisch an und gab mir keine Sekunde lang das Gefühl, an meinem Körper fehle etwas. Dass er sich meiner Maße und meines Körpers annahm, hat mich letztendlich als Person stärker gemacht. Der Schneider hat nicht nur mich als Kunden, sondern mein ganzes Wesen ernst genommen – und da gehören die fehlenden Beine nun mal dazu. Es fühlte sich an wie die vollendete Dienstleistung.

◆

Ich finde, das ist die Kunst, dafür zu sorgen, dass der Kunde sich schön und vollkommen fühlt, auch wenn es der Körper vielleicht nicht ist. Zu begreifen, dass gerade der nicht perfekte Körper ein Kunstwerk ist. Deswegen macht die Schönheitschirurgie aus meiner Sicht so hässlich: Wer will schon eine leibhaftige Barbiepuppe oder einen Ken neben sich sitzen ha-

ben – oder mich, mit perfekt ausgestopften Beinen? Ich hatte nie Hemmungen, mich gegen den praktischen Look und Einkauf von Behindertenklamotten zu stellen. Auch in der Mode nehme ich am Leben teil und lasse mich nicht verdrängen.
Viele Menschen mit Behinderung gehen aber nicht zum Maßschneider, sondern kaufen dann doch in speziellen Läden für Behindertenmode ein. Denn das Shoppen, wie es Füßler zelebrieren, ist für Rollstuhlfahrer nicht immer leicht: Die Läden haben Stufen, Rolltreppen führen hinauf und hinunter, die Kleidung hängt vielleicht so, dass ich sie mir nicht selbstständig holen kann, ich komme mit dem Rolli nicht zwischen den Ständern hindurch, ziehe Blicke auf mich und passe oft nicht in die Kabinen hinein. An ein Aus-dem-Rollstuhl-Hieven, damit ich die Waren gut probieren kann, gar nicht zu denken. So sieht die Shoppingrealität aus.
Das ist ein Grund, weshalb sich viele Menschen mit Beeinträchtigung ihre Kleidung lieber im Internet bestellen, sich zuschicken lassen und in Ruhe und bequem zu Hause anprobieren. Was nicht passt, geht dann einfach wieder retour.
Internetshops für behinderte Menschen tragen oft schon entsprechende Namen, wie »Inpetto – pfiffige Mode für besondere Kinder«, wo zum Beispiel die Designerin Barbara Schmitz ihre fröhliche und farbenfrohe Mode für Rollstuhlfahrer und Fußgänger verkauft. »Immer häufiger kamen Anfragen von Eltern behinderter Kinder, die mit ›normaler‹ Konfektionsware weder schick noch praktisch angezogen werden konnten«, heißt es auf der Internetseite *www.inpetto-reha.de*. »Da passten die Hosenbeine nicht über die Gehschienen, die Jacke nicht in die Sitzschale, das An- und Ausziehen und die alltägliche Versorgung waren für alle Beteiligten eine umständliche Prozedur.« Und so bleibt es, auch wenn die behinderten Kinder längst erwachsen sind.

◆

Die meisten Menschen, ob sie nun behindert sind oder nicht, kaufen gern ein, so wie ich. Und ich will nicht nur im Internet aussuchen, weil der Kleidungskauf auch ein sinnlicher Prozess sein kann. Es macht Spaß, zusammen durch eine Fußgängerzone zu bummeln und an den Schaufenstern zu verweilen. Gerne werfe ich auch einen Blick hinein, denn ich bin schon ein eitler Typ und mag den Kerl, den ich im Fenster sehe.

Deswegen ziehe ich mich auch gern schick an. Kleidung ist mir wichtig, denn sie macht auch einen Teil meines Images mit aus. Ich bin ein smarter, souveräner (halber) Mann im Rollstuhl. Wenn Frauen mich beschreiben, dann würden sie vielleicht auch von einem charmanten Mann sprechen. Der Typ »Gammelrollstuhlfahrer« liegt mir fern. Ich achte darauf, dass ich einen sauberen Haarschnitt habe, dass ich aus meinem Bart keine Zöpfe flechten kann und dass ich gut rieche. Ich gehe gern zum Friseur. Die Kopfmassage meiner Friseurin ist für mich wie zwei Wochen Urlaub, unglaublich. Das entspannt mich total. Alles zusammen, Klamotten, Haarschnitt und natürlich auch eine vernünftige Ansprache, gehört für mich zu einem vernünftigen Erscheinungsbild dazu, und das gilt natürlich auch für Behinderte.

◆

Aber auch wenn man als Behinderter auf sein Äußeres achtet, hat man kaum Chancen, in die »obere Liga« durchzustarten, sprich: als Model Karriere zu machen. Nur Wenige haben das bisher geschafft; auf dem Laufsteg scheinen Behinderte in den Augen der meisten Modezaren nichts zu suchen zu haben.

Eine der bekanntesten Ausnahmen ist wohl Mario Galla, der wegen einer Oberschenkelverkürzung eine Beinprothese trägt. Er selbst findet die übrigens »überbewertet«. Seine Agentur wusste zunächst nichts von seiner Behinderung, erzählt der attraktive 27-Jährige: »Erst nachdem sie ein paar Polaroids von mir gemacht haben, habe ich ihnen meine Prothese gezeigt. War für sie aber kein Problem. Und ich hatte tatsächlich schon nach wenigen Monaten meinen ersten Job für Hugo Boss.« In einem Radiointerview sagt Mario Galla: »Wenn die Kunden zum ersten Mal sehen, dass da was anders ist – dann wird so geguckt, als wenn gerade ein Raumschiff durch den Raum fliegt oder an meinem Bein klebt. Diese Berührungsangst muss man den Leuten nehmen, indem man sagt, es ist alles okay, ich kann alles ganz normal damit machen, ich kann normal laufen, ich kann die Hose anziehen – am besten zeigen, dass man sich schnell umziehen kann, (...) schnell vermitteln, dass das kein Problem ist in der Situation.«[1]

Mailand und Paris sind die Städte, in denen Galla am meisten Arbeit findet. In Deutschland wird der Hamburger weniger gebucht. Die Kunden hätten Angst, seien konservativ, sagt er.

◆

In einer Welt, in der Frauen über 50 und Männer ohne Waschbrettbauch regelmäßig »ausrangiert« werden, haben Menschen mit Handicaps wenige Chancen auf eine gleichberechtigte öffentliche Wahrnehmung. Nur wenige Organisationen, Initiativen, Kampagnen wie *Cap 48* oder die Internetplattform *Rolling Planet* setzen sich für die Integration von behinderten Menschen in allen Lebensbereichen ein – auch in der Welt der Mode. Unter dem Namen »Miss Angels« hat *Rolling Planet* einen Modelwettbewerb für Behinderte und Menschen, die sie pflegen, ins Leben gerufen: »Wir suchen Germany's Next Disabled Model.« Im Rahmen des Wettbewerbs berichten Models mit Handicaps wie Tanja Kiewitz von alltäglichen Aus-

1. http://rollingplanet.net/2012/01/16/mario-galla-ist-mit-einem-bein-im-model-business-und-begreift-behinderte-nicht-so-ganz/.

grenzungen. Noch immer, sagt sie, starrten zu viele Menschen auf ihr »Ärmchen«, wie sie ihren behinderten Arm nennt; abwertende, sogar angeekelte Blicke gehörten zu ihrem Alltag. »Es ist mir unangenehm, meinen Arm zu zeigen. In der Öffentlichkeit bedecke ich ihn normalerweise«, erklärt Kiewitz, die seit ihrer Geburt mit ihrer Behinderung lebt.[2]

◆

Wo ich öffentlich nicht stattfinden darf – na klar, diese Öffentlichkeit scheue ich. Deswegen endet für viele Menschen mit Behinderung der Gang zum Maßschneider wahrscheinlich vor einem eingebildeten Verbotsschild: »Ich muss draußen bleiben.«

Ich hingegen will mit meinen Aktionen andere ermutigen: »Hey, schaut mal her, ich gehe zum ›bösen‹ Maßschneider und der beißt auch gar nicht, wo bleibt ihr?« Je deutlicher ich mir Rechte herausnehme, die mir ohnehin zustehen, desto mehr Menschen mit Handicap finden (hoffentlich) den Mut, mir nachzugehen. Dass sich einen Maßschneider nicht jeder leisten kann, räume ich natürlich ein. Es ist einfach ein Beispiel für viele Situationen da draußen, in denen es Menschen mit Behinderung nicht leicht gemacht wird. Denken wir nur einmal an die vielen Schwellen und hohen Bordsteinkanten.

◆

Es gibt ein paar Geschäfte, kleine Firmen, die sich auf Mode für Rollstuhlfahrer spezialisiert haben. Diese achten bei ihren Entwürfen darauf, dass zum Beispiel die Jeans hinten im Lendenbereich höher geschnitten sind, wegen des Zugs und damit man sie besser anziehen kann. Oder dass sie keine Taschen haben, auf denen man sich wundsitzen könnte. Mit diesen

2. http://rollingplanet.net/2012/02/23/wir-suchen-germanys-next-disabled-model.

Firmen habe ich mich jedoch nie beschäftigt, weil ich in diese Behindertenszene nie rein wollte. Außerdem geht es hier vor allem um Pragmatik, aber aus meiner Sicht nicht um Stil. Da gehe ich lieber in »normalen« Geschäften shoppen, kaufe das, was mir wirklich gefällt, und lasse hinterher vielleicht noch ein paar Kleinigkeiten ändern. Wenn ich allerdings richtig feine Sachen haben will, muss ich auf jeden Fall zum Maßschneider gehen. Das bringt die Behinderung »breites Kreuz« eben so mit sich.

◆

Zahlen muss ich das alles natürlich selbst – einen guten Look gibt es nicht auf Rezept. Dafür spare ich an anderer Stelle, denn Schuhe und Socken sind für mich kein Thema mehr ... Ärgerlich ist für mich der Hosenkauf. Die sind für mich grundsätzlich zu teuer. Es gibt natürlich tolle Hosen, aber bevor ich sie trage, werden erst mal die Beine abgeschnitten – viel teurer Stoff für die Tonne. Ich habe schon oft versucht, Verkäufern zu erklären, dass ich dieses Abschneiden auch direkt im Laden machen könnte, aber da beiße ich auf Granit. Vielleicht finden sie es zu makaber. Oder sie haben Mitleid – mit den armen Hosen ... Meine eigene Wertschätzung für Hosen ist eher verhalten, muss ich sagen, denn man sieht ja sowieso nicht viel davon.

◆

Auch bei Rollstühlen gibt es eine Mode. Damit meine ich, dass z.B. eine bestimmte Farbe dominiert. Mein Rollstuhl ist derzeit weiß. Es gibt zwei Firmen, die ich bevorzuge, die bauen einfach die schönsten Stühle. Ich mag es, wenn mein Stuhl gleichzeitig dezent und schlicht aussieht, aber doch eine gewisse Eleganz vermittelt.
Theoretisch kann man sich einen Rollstuhl aussuchen, wenn die Krankenkasse mitmacht und dafür zahlt. Das war früher

noch eher möglich als heute. Zumeist bekommt man aber doch eher einen Standardrollstuhl, den typischen AOK-Chopper aus dem Krankenhaus – so ein Stahlschwein. Viele Leute gehen einfach ins Sanitätshaus und vertrauen auf die Ahnung, die die Verkäufer dort haben. Sie lassen sich Hintern und Beine vermessen, suchen sich dann ihr Rollstuhlmodell aus, konfigurieren es noch ein bisschen – welcher Rücken, welche Griffe, welche Bremsen, welche Räder und so weiter – und dann geht das Ding auf die lange Reise.

Aktivrollstuhlfahrer wie ich suchen sich das alles lieber selbst aus. Der aktive Rollstuhlfahrer braucht einen Aktivrollstuhl, und das Ding muss richtig passen, damit du in jeder Situation fest »im Sattel« sitzt. Das ist wie bei einem Paar Schuhe: Man tanzt ja auch nicht mit Bergstiefeln Ballett. Ein Aktivrollstuhl ist – im Gegensatz zum Standardrollstuhl – wendiger, leichter, vielleicht auch besser zu verstauen, und er passt genau auf meine Körpermaße. Er sieht sportlicher aus und ist besser zu händeln für den Fahrer. Wenn ich mir einen Rollstuhl aussuche, fahre ich direkt zum Hersteller. Dort habe ich einen Ansprechpartner und weiß schon vorher, was für einen Stuhl ich haben will. Ich habe Kontakte in die Szene, und die Jungs, die ich dort treffe, sind in dem Bereich ebenfalls eitel. Das ist so, wie geile Schuhe haben zu wollen, die einfach rattenscharf aussehen und wie angegossen passen. Beste Materialien, schöne Farbe ... Ich weiß ganz genau, was der Markt zu bieten hat und wie mein Rollstuhl fahren, blinken und blitzen soll. All das ist wichtig, er muss gut zu handhaben sein und mir gefallen, denn ich werde ja viele Jahre in dieser Karre sitzen. Meistens wähle ich einen Sonderbau, weil ich ja keinen Platz für Beine brauche. Ich bestelle ihn und etwa drei Wochen später steht der Rollstuhl vor meiner Tür. Niemand wundert sich dort, dass ich viel Wert auf Aussehen, Form und Farbe lege. Es gehört dazu. Und es macht Spaß, sich seinen eigenen Rollstuhl zu kreieren. Das ist auch ein Teil von Mode, und Mode belebt und begeistert. Mode und Schönheit mögen oberflächliche Nebensächlichkeiten sein, aber sie spiegeln einen Teil unseres Charakters wieder – und sie verbinden Menschen. Deswegen sollte Mode jeden Menschen mit einbinden. Es wäre beispielsweise schön, wenn man Models nicht die Haare grau färben, sondern stattdessen direkt Models mit grauen Haaren nehmen würde. Und es wäre toll, wenn Mode vielfältiger wäre – nicht in Farben und Formen, sondern in Menschen und ihren speziellen Eigenschaften. Jeder ist ein Unikat und jeder kann von jedem profitieren.

KAPITEL 11
Urlaub

Wenn einer eine Reise tut, dann kann er was erzählen – so lautet eine alte Volksweisheit. Ein anderer schlauer Mensch hat mal gesagt, dass man niemals so heimkommt, wie man weggegangen ist. Auch wahr. In meinem Fall ist die Fülle der Erfahrungen nicht nur vergnüglich, sondern lässt mich immer wieder erkennen, wie lückenhaft das Streckennetz der Inklusion noch ist. Es soll zusammenkommen, was lange nicht zusammengehörte: der Behinderte und der gemeine Fußgänger auf zwei Beinen. Man denke nur an die wunderbaren Autobahntoiletten, vor denen Menschen, die sich auf Beinen bewegen, sich hinter einen Strauch oder Baum retten können, denen aber der Mensch auf Rädern hilflos ausgeliefert ist. In die Hose machen oder Augen und Nase zu und durch, lautet da oft die Devise.

Reisen ist für Menschen mit Behinderung schon lange keine unmögliche Sache mehr, aber natürlich ist es für sie trotzdem nicht so einfach wie für unversehrte Leute. Spontan auf und davon, das geht nur unter ganz bestimmten, eher exklusiven Bedingungen. Ich habe mich mal mit einer Rollstuhlfahrerin unterhalten, die erzählt hat, dass ihre schönsten Reisen immer die mit dem behindertengerechten Wohnmobil sind. So etwas kann man sich wohl zum Beispiel in Heidelberg leihen. Natürlich für viel Geld, aber wenn man sich's leisten kann ... In so einem Wohnmobil sind alle notwendigen sanitären Einrichtungen vorhanden, da kann sie duschen, auf einer Rampe hineinfahren und womöglich noch selbst fahren. Damit ist man wirklich unabhängig. Man kann fahren,

wohin man will, und hat sein behindertengerechtes Haus immer dabei.
Ansonsten musst du als behinderter Urlauber immer von vornherein genau wissen, wohin du willst und was du machen willst. Alles erfordert intensive, detaillierte Planung. Eine Städtereise oder ein Badeurlaub am Meer? Wellness-Urlaub oder vielleicht eine Studienreise? Oder eine Safari? Mit dem Auto, dem Zug oder per Flieger? Und um es ganz klar zu sagen: Nicht jeder Reisetraum ist tatsächlich realisierbar. Manche Ziele sind einfach nicht barrierefrei, Punkt. Fahr mal als Rollifahrer nach Venedig: Spätestens bei der dritten von gefühlten 48 000 Brücken (mit Stufen!) gibst du entnervt auf und träumst wieder vom Städtebild in Hamburg oder Berlin.

Vor ungefähr zehn Jahren hat die Universität Münster 4000 Menschen mit Behinderungen befragt, ob sie schon mal auf eine Reise verzichtet haben, weil es keine guten Angebote für sie gab. Mehr als ein Drittel der Befragten musste bejahen. Ob sich das in den vergangenen zehn Jahren wesentlich verbessert hat, wage ich zu bezweifeln.
Viele Reiseveranstalter haben schlicht noch nicht realisiert, dass behinderte Menschen gern reisen und durchaus auch dazu in der Lage sind. Ich zum Beispiel reise wahnsinnig gerne. Hierbei kommt es mir zugute, dass ich mit meinen Handicap-Augen nicht nur über den Golfplatz, sondern auch durch die Straßen, zum Bahnhof oder eben ins Reisebüro gehe. Nur wer die gewöhnlichen Alltagsbarrieren kennt, kann auch die potenziellen Komplikationen bei einer Reise einschätzen. Die Planung und Durchführung einer Reise mit Behindertenstatus erfordert ein hohes Maß an Umsichtigkeit und Kreativität. Ein Expertenrat im Reisebüro ist daher in jedem Fall eine feine Sache – insbesondere wenn man sich gern alles orga-

nisieren lässt. Inzwischen gibt es schon einige darunter, die sich auf barrierefreies Reisen spezialisiert haben oder für behinderte Menschen wenigstens Spezialangebote im Sortiment haben. Um die Beratungskompetenz ist es hier jedoch – wie überall im Dienstleistungssektor – unterschiedlich bestellt: Manche machen ihre Sache richtig gut und haben einen selbstverständlichen und natürlichen Umgang mit ihren Kunden. Kennen sich in der Materie einfach bestens aus. Bei anderen hingegen spürt man die Lustlosigkeit bei der Beratung oder hat das Gefühl, dass sie nicht auf Augenhöhe mit dir sprechen. Von solchen Personen lässt man sich nur höchst ungern einen Urlaub organisieren, wenn es denn überhaupt dazu kommt.

◆

Ich persönlich bin ohnehin eher der Typ, der am liebsten alles selbst in die Hand nimmt. Ich recherchiere stundenlang im Internet, telefoniere und mache mich auf jede erdenkliche Weise schlau. Aber wie sieht es in »normalen« Reisebüros aus, wenn ich da als behinderter Mensch reinrolle?

Mein Freund Max ist davon überzeugt, dass Deutschland beim Thema barrierefreies Reisen schon ganz weit vorn liegt. Deshalb habe ich ihn zu einem kleinen Reiseerlebnis eingeladen, das in einem ganz normalen Reisebüro startet, mit dem Wunsch, von Darmstadt nach Berlin zu reisen und dabei den ICE-Sprinter der Deutschen Bahn zu benutzen. Unsere Zeit ist knapp bemessen, die Reisezeit soll also möglichst kurz sein. Wir wollen eine frühe und schnelle Verbindung und eine späte schnelle zurück. Mit dem ICE ist die weite Strecke in fünf Stunden zu schaffen. Ab 5.40 Uhr können Züge nach Berlin gebucht werden: die perfekte Abfahrtszeit, wenn man rechtzeitig ankommen will, um in Berlin gemütlich zu frühstücken. Max hat mir von einem besonderen Café erzählt

und ich freue mich schon jetzt auf einen großen Pott heißen Kaffee.
Als wir unser Anliegen, schnell von Darmstadt nach Berlin zu kommen, gegenüber einer »Servicekraft« des DB-Reisezentrums äußern, wird es mit einem Mal sehr still um den guten Mann. Er schaut uns nicht mehr an, sondern versinkt minutenlang hinter seinem Bildschirm. Funk-Kontakt abgebrochen. Totalausfall. Für mich nur schwer nachvollziehbar, denn es sollte doch keine große Sache sein, eine behindertengerechte Reise mit dem ICE zu buchen. Der Mann hinter dem Schalter gab schließlich Laut, dass es einen anderen Zug gäbe, mit dem es besser ginge. Wir bestanden aber auf dem frühen Zug. Was ich aus Erfahrung bereits wusste (Max und der Beamte aber noch nicht), war, dass die Sache einen großen Haken hat. Ich kann den 5.40 Uhr-Zug nicht nehmen, weil um diese Uhrzeit die Damen und Herren vom Mobilitätsservice noch tief und fest schlafen und erst zwanzig Minuten später aus ihrem Schlaf erwachen. Erst um 6 Uhr treten die ihren Dienst an. Will ich früher fahren, muss ich Freunde bitten, mich und den Rollstuhl in den Zug zu hieven. Der Mann hinter dem Schalter studierte dann eingehend eine Liste; scheinbar gibt es ein paar Ausnahmestädte, in denen der Mobilitätsservice schon etwas früher zur Verfügung steht. Darmstadt gehört jedoch leider nicht dazu.
»Sie müssten da vielleicht anrufen, aber ausdrucken kann ich Ihnen die Liste nicht«, so der hilfreiche Berater. »Wenn Sie vor 6.00 Uhr reisen möchten, dann müssen Sie selbst Sorge dafür tragen, dass Sie in den Zug kommen.«
»Können Sie uns vielleicht eine andere Hilfe anbieten?«, fragte Max, und sein Gesicht sprach Bände.
»Nein«, antwortete der Mann hinter dem Tresen mit leichter Ungeduld in der Stimme, denn der nächste Kunde wartete

schon. »Es gibt keine Hilfe. Sie müssen sich selbst kümmern oder einen Zug nach 6.00 Uhr wählen.«

»Wir könnten ja Passanten um Hilfe bitten«, lachte ich und stellte mir vor, wie sich morgens ein verschlafener Businessreisender mit Kaffeebecher in der Hand mit einem halben Mann und Rollstuhl belädt. Vielleicht denken Sie jetzt, na, der Sitzmann will doch gute Taten, dann soll er doch den Passanten eine Chance geben! Frage zurück: Würden Sie Ihr Kind jedem Menschen anvertrauen? Jemandem, den Sie nicht kennen? Mein Baby, also mein Körper, ist schon demoliert, und ich habe keine Lust auf noch mehr Blessuren, weil ein Mensch zwar hilfsbereit ist, aber vielleicht seine Kräfte überschätzt. Und ich will niemandem schaden, der beispielsweise Rückenprobleme hat, aber trotzdem hilft, weil sonst niemand da ist, und der deswegen die eigene Reise mit einem Bandscheibenvorfall frühzeitig beenden muss. Ich muss mir sicher sein bei den Menschen, die mich unterstützen. Und eigentlich ist so etwas ja auch nicht der Sinn der Sache. Mir kann man vielleicht noch helfen, doch was macht ein Rollifahrer, der in einem E-Rollstuhl sitzt, der zwischen 150 und 200 Kilo wiegt? Der kann das Frühstück in Berlin gleich vergessen und geht direkt zum Mittagessen über.

◆

Hierzu ein kleiner Erlebnisbericht am Rande: Von einer Rollifahrerin weiß ich, dass auch das mit dem Mobilitätsservice nicht immer astrein funktioniert. Sie erzählte, dass sie einmal wunderbar mit der Hilfe dieses Services in den Zug nach Freiburg gehoben worden war. Nur: Als der Zug in Freiburg hielt, war keiner mehr da, um ihr wieder rauszuhelfen. Und so hätte sie bis Basel fahren müssen, hätte sie nicht laut um Hilfe gerufen, sodass Mitreisende und Schaffner anpacken konnten. Für die Frau war das bestimmt ein Schockmoment. So etwas habe ich auch schon erlebt: Du kommst irgendwo an und da ist keiner. Ich helfe mir dann, indem ich meiner Begleitung sage: »Schmeiß bitte die Tasche raus, dann nimm meinen Stuhl, ich setze mich so lange auf den Teppich im ICE, und wenn alles draußen ist, dann komm ich hinterher gekrabbelt. Und dann hoffen wir mal, dass die Tür nicht gleichzeitig zugeht oder ich auf die Gleise falle. Wenn du aber allein reist, hast du keine Chance. Obwohl sich meistens – Gott sei Dank! – in solchen Momenten sehr hilfsbereite Mitreisende finden. Die nehmen dann gern den Koffer. Aber ein schönes Gefühl ist das nicht, dem Zufall ausgesetzt und von unbekannten Mitreisenden abhängig zu sein. Wie ich oben schon beschrieben habe, meinen Körper möchte ich nicht jedem anvertrauen. Also – so ist Reisen auf keinen Fall entspannt.

◆

Zurück ins Reisebüro. Max ist verdrossen. Ein Mensch mit Behinderung ist also gezwungen, einen späteren Zug nach Berlin zu nehmen, das hat er jetzt begriffen. Die einzige Möglichkeit wäre, individuell (nicht aber mit der Bahn!) bis zum Frankfurter Hauptbahnhof zu kommen, denn dort steht der Hilfsdienst 24 Stunden am Tag bereit. Die Darmstädter Behinderten müssen warten.

◆

Mit der S-Bahn nach Frankfurt, das hieße: ebenerdig raus, Aufzug hoch, zu den Gleisen. Das ginge, wenngleich es ein bisschen umständlich ist. In der S-Bahn stehst du permanent im Einstiegsbereich und hältst dich an der Stange fest. Einen Behindertenbereich gibt es dort nicht. Im Bus ist der vorgeschrieben, rein theoretisch müsste man sich dort sogar anschnallen. In der S-Bahn dagegen – nichts dergleichen. Und wenn die Fahrt eine halbe Stunde dauert, dann spielst du also eine halbe Stunde Klammeraffe. Das ist nicht gerade bequem, aber immerhin machbar – sofern der Rollstuhl Bremsen hat. Andernfalls, oder wenn die Armmuskeln zu schwach sind, rutscht der Behinderte unter Umständen wie ein Stück Seife durch den Wagen. Ein echtes filmreifes Spektakel!

◆

»Nehmen Sie doch den Zug um 8 Uhr 31«, quengelt der Mann am Schalter, »dann ist die Hilfe in Darmstadt gewährleistet. Allerdings ist das kein Sprinter ...«

◆

»... und aus dem Frühstück wird ein Mittagessen«, merke ich an. Max zieht seine Augenbrauen hoch. Der Berater verwandelt sich fast in eine Schildkröte, als er feststellt, dass Max und ich nicht sofort vom Schalter verschwinden. Er zieht den Kopf ein und wartet ergeben, bis der schreckliche Sitzmann und sein Kumpan endlich weg sind. Sein Bildschirm wirkt wie eine Art Panzer, eine imaginäre Milchglasscheibe, die ihm Schutz vor uns bieten soll. Schweigend und mit leicht zittrigen Fingern schiebt er uns die Visitenkarte des Mobilitätsservices hin, der uns allerdings bei dieser Fahrt nicht helfen wird.
»Besten Dank!«, murmelt Max und ich nuschele etwas von einem »schönen Tag«. Höflichkeit muss sein.

◆

Falls ein führender Mitarbeiter der Deutschen Bahn dieses Buch liest, sollte er Folgendes zur Kenntnis nehmen: Für einen Behinderten – und ich nehme an, für jeden anderen Reisenden ebenfalls – ist es ein Unterschied, ob er sechs oder vier Stunden im Zug verbringt. Je schneller so eine Zugfahrt vorbei ist, desto besser ist das. Deswegen stehe ich dafür auch gern mal ein halbes Stündchen früher auf. Und ich möchte diese Züge gern benutzen können, selbst wenn ich nicht in der Nähe des Frankfurter Hauptbahnhofs oder eines anderen Großbahnhofs wohne. Ja, es gibt auch Taxen von Darmstadt zum Frankfurter Hauptbahnhof, aber die kosten locker 60 Euro, und die muss man selbst zahlen. Denn nur weil du zu einer unorthodoxen Zeit unterwegs sein willst, übernimmt die Bahn natürlich keine Kosten. Wo kämen wir denn da hin? Hier ist also das Reisen schon mal nicht barrierefrei und selbstbestimmt!

Wenn man es dann – mit oder ohne Mobilitätsservice –geschafft hat, in den Zug zu steigen, dann findet man dort speziell ausgewiesene Plätze, die man im Vorfeld reservieren kann. Der Platz für den Behinderten ist ohne Sitz, der Sitz gegenüber für die Begleitperson vorgesehen. Nach diesem Prinzip müsste ich also die ganze Fahrzeit in meinem Rollstuhl sitzen bleiben. Ich will es mir aber auch gerne gemütlich machen, und das geht nur auf einem Sitz. Also sitze ich in der Regel auf einem der beiden Plätze der Begleitpersonen, die zum Glück meistens frei sind. Hier wäre jedoch eine Service-Erweiterung wünschenswert, da immer mehr Menschen mit Handicap verreisen und sicher auf längeren Strecken ebenfalls einen komfortablen und gepolsterten Sitz ihrem eigenen Rollstuhl vorziehen.

◆

Unser Erlebnis im DB-Reisezentrum ließ Max keine Ruhe, und so schleifte er mich und den Rollstuhl zu einem weiteren Reiseexpertenbüro. Dort hing ein großes Plakat, das eine Radreise am Bodensee anpries.

»Super!«, fand ich sofort, denn ich war schon mal am Bodensee und dort ist Radwandern eine prima Sache.

»Jeden Tag zwischen 39 und 60 km«, las Max vom Plakat ab und grinste, »das strampelst du doch auf einer Pobacke weg.«

»So ist es!«, bestätigte ich lachend. Und jede Nacht in einem anderen Hotel – auch das fand ich spannend.

»Sind die Unterkünfte behindertentauglich?«, wollte ich von dem Berater wissen.

»Da muss ich mal im Katalog nachschauen«, meinte der Mann etwas verhalten, und schon startete der nächste Beratungsmarathon. Der Reisebüro-Angestellte wusste zunächst einmal gar nichts über die Reise, für die doch vor seiner Tür so groß geworben wurde. Also blätterte er in dem Katalog des Reiseveranstalters und versank für einige Minuten darin, während wir dasaßen wie bestellt und nicht abgeholt. Man muss dem Mann zu Gute halten, dass er sich bemüht hat und alles sehr sorgfältig las. Auf unsere Frage nach der Behindertentauglichkeit konnte er uns allerdings trotzdem keine Antwort geben. Auch ein Anruf beim Reiseveranstalter brachte keine neuen Erkenntnisse. Man müsste noch mal bei jedem einzelnen Haus nachfragen, sieben an der Zahl, lautete schließlich die Auskunft. Das hätte er sogar für mich übernommen – was hier den Namen »Service« wirklich verdient. Ich hielt es aber letztlich für sinnvoller, das selbst zu tun, weil ich nun einmal die richtigen Fragen stellen kann. Aber noch bevor ich zum Hörer greifen konnte, ergab sich die nächste Schwierigkeit. Es stellte sich nämlich die Frage, wie behindertengerecht denn die gesamte Reise sei: Würde es einen Gepäcktransfer geben, und wenn ja, wäre der im Angebot enthalten? Denn mein Rollstuhl müsste ja jeden Tag irgendwie ins nächste Hotel geschafft werden. Weil ich neben meinem Handbike auf der Reise natürlich auch den Rollstuhl dabei hätte. Ich kann ja schließlich nicht mit dem Fahrrad ins Hotelzimmer radeln ... Ja, einen Gepäckservice gebe es, erklärte man mir. Aber – großes ABER – man könne leider nicht sagen, wann das Gepäck – und somit der Rollstuhl – in der nächsten Unterkunft ankommt, weil die Route des Gepäck-Shuttles vorgeplant sei und die Koffer zum Teil erst später am Abend im Hotel ankommen würden. Wenn ich selbst aber schon am frühen Nachmittag im nächsten Hotel einträfe, hätte ich ein Problem.

Ich müsste ein paar Stunden in meinem Fahrrad sitzen bleiben und bei Wind und Wetter auf meinen fahrbaren Untersatz warten. Und wenn ich mal für kleine Königstiger müsste, wäre das natürlich ebenso äußerst schwierig. Da witzelten Max und ich, dass man mich dann eben mit einer Sackkarre ins Zimmer bringen müsste. Der Typ hat kurz geschmunzelt, aber im Grunde hat er das Problem sehr ernst genommen. Ich glaube, dass er sich bis zu diesem Moment keine Gedanken über diese Problematik gemacht hat. Es gab wahrscheinlich nie den Anlass. Aber nun, hatte ich das Gefühl, war ihm klar geworden, dass auch Menschen mit Handicap in ihrem Urlaub gern aktiv sein wollen und man dies stärker berücksichtigen sollte. Zwar hat er auf die Konzeption der Reise wahrscheinlich keinen Einfluss, aber er ist auf das Problem aufmerksam geworden. Also: Einer mehr im Boot!

◆

Klar war eine Sache: Wenn nur eines von den sieben Hotels nicht behindertengerecht ist, scheitert die ganze Reise. Und so war es auch. Denn es handelt sich ja um ein Pauschalangebot mit festgelegten Hotels. Man könnte höchstens, um das betreffende Hotel zu überspringen, an einem Tag 120 km fahren. Vom beschriebenen Streckenprofil her wäre das auch kein Problem. Aber 120 km sind schon eine ordentliche Etappe, die sicher nicht jeder einfach so schafft.

◆

Eine Alternative in Form von einer Behindertenreise hat der Herr im Reisebüro uns nicht angeboten. Konnte er nicht, denn dass es hierfür spezielle Anbieter gibt, war ihm gänzlich unbekannt. Seine Wissenslücke war so groß, da hätten Max und ich samt Rollstuhl durchgepasst. Man kann es ihm nicht übel nehmen.

◆

Was tun? Auf ins Internet! Hier findet man ein paar Anbieter für Behindertenreisen, nur fällt sofort auf, dass diese speziellen Reisen um ein Vielfaches teurer sind als »normale«. Zum Beispiel kann ich zwei Wochen Mallorca mit Halbpension zum Schnäppchenpreis von 500 bis 600 Euro buchen. Bei Anbietern, die sich auf Reisen für Menschen mit Handicap spezialisiert haben, kostet mich das hingegen schnell mal fast 3.500 Euro. Gut, da ist sicherlich die eine oder andere Zusatzleistung dabei, aber das rechtfertigt für mich keinen Preisaufschlag von gut 3.000 Euro.

◆

Wer sich vom Onlineangebot ein Bild machen möchte, dem empfehle ich folgende Adressen:
Gute Tipps bietet *www.myhandicap.de* – ein für Menschen mit Behinderung generell nützliches Portal, da es für viele Alltagsfragen und -probleme Lösungen aufzeigt oder Ansprechpartner benennt. Im Informations-Bereich gibt es hier ein ausführliches Kapitel über barrierefreies Reisen.
Wer international reisen will, klickt sich am besten auch mal durch die Seite der *Mobility International Schweiz* (*www.misch.ch*); dort finden sich viele hilfreiche Informationen, Datenbanken und Adressen. Wer keinen Internetzugang hat – soll's ja auch noch geben –, kann dort auch anrufen und seine Fragen in einem Callcenter loswerden.
Einen guten Überblick über internationale Reisen für Menschen mit Behinderungen aller Art verschafft man sich auf *www.behindertenreisen.de*. Weitere Anbieter und Serviceadressen findet man über *www.vdk-reisen.de/Reisebuero/behindertenreisen.htm* und *www.reiselinks.de/behindertenreisen.html*. Eine Spezial-Agentur für barrierefreies Reisen ist zum Beispiel *www.behindertenreisen-cm.de*. Außerdem gibt es einen Hotelführer für Rollstuhlfahrer mit dem Titel *Handicapped Reisen* im Handel.

Ebenfalls nützlich – nicht nur bei der Reiseplanung, sondern auch bei kleinen Ausflügen – ist die Seite *www.wheelmap.org*: Diese Internet-Karte gibt Aufschluss darüber, wie behindertengerecht ein bestimmter Ort ausgestattet ist. Jeder kann ohne Registrierung selbst Orte eintragen und nach dem Ampelprinzip (grün = behindertenfreundlich, rot = nicht barrierefrei) eine Wertung abgeben. Die Angaben sind zwar nicht immer zu 100 Prozent zuverlässig, ermöglichen aber zumindest eine Grundorientierung. Dass jeder ohne große Umstände mitmachen kann, hilft sicher, das Netz an barrierefreien Orten zu vergrößern.

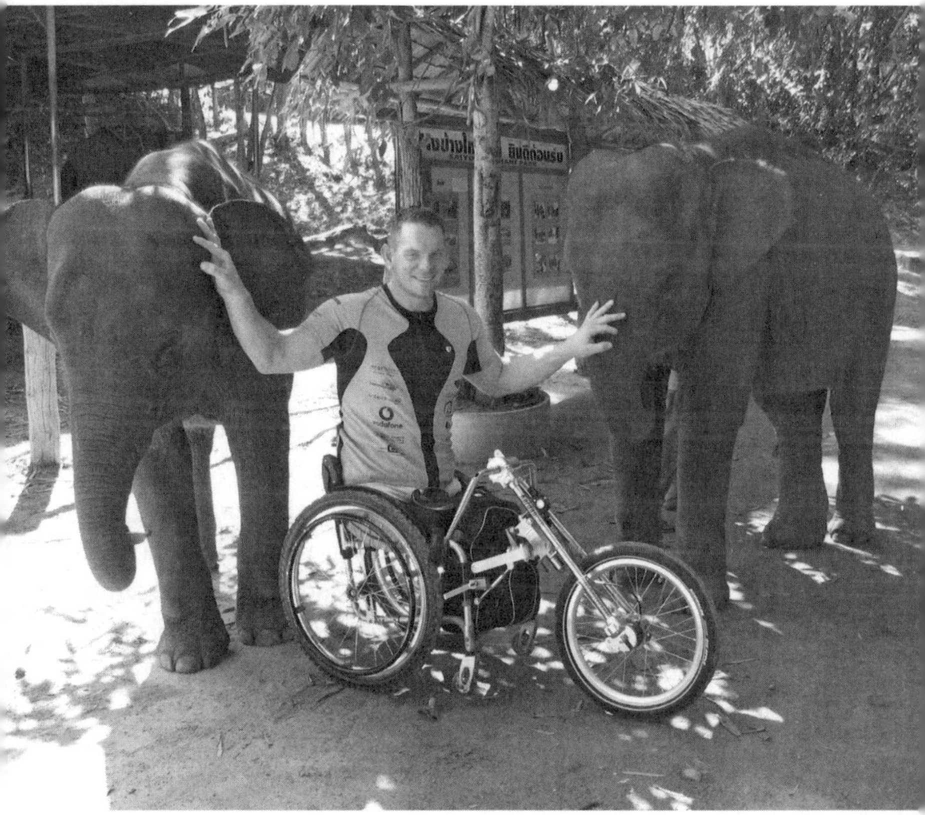

Ich selbst bin schon viel rumgekommen, bei einigen »Behindertenreisen à la Sitzmann«. Am besten aufgehoben fühlte ich mich in New York. Dort gibt es kaum Schwellen auf den Straßen und nahezu jedes Café und Restaurant hat eine erreichbare Toilette. Auch in Oslo bin ich sehr gut zurechtgekommen. Mein dortiges rollstuhlgerechtes Zimmer hat den Namen wirklich verdient. Es hatte ein riesengroßes Tanzsaal ähnliches Bad, eine ebenerdige befahrbare Dusche, überall Haltegriffe und ein riesengroßes Doppelbett mit ausreichend Platz an den Seiten, um überhaupt heranfahren zu können. Denn was bringt mir ein Kingsize-Bett, wenn ich rechts und links nur 50 cm oder noch weniger Spielraum habe?
In meinem Hotel in Oslo hatten die Architekten wirklich mitgedacht – und trotzdem kostete das behindertengerechte Zimmer nicht mehr als jedes andere. Komfort und gleiche Preise sind also möglich. Schade nur, dass das immer noch kein Standard ist!
Es gibt leider noch viele Länder, in denen Behinderte zwar gesellschaftlich integriert oder sogar inkludiert sind, die aber auf der baulichen Ebene erhebliche Mängel aufweisen. Dazu zähle ich alle an Deutschland angrenzenden Länder: Österreich, Schweiz, die Niederlande. Entweder sind die Bauten zu alt oder sie stehen unter Denkmalschutz, weil historisch bedeutsam, sodass es schwierig ist, entsprechende Umbauten zur Erleichterung der Zugänglichkeit für Behinderte vorzunehmen. Zum Vergleich: In Kanada werden solche Umbauten durchaus möglich gemacht. Ich war einmal in Nova Scotia, im Dunstkreis von Halifax, wo wir eine große Burg besucht haben, die komplett barrierefrei war. Man konnte sich überall hinbewegen, alles sehen ... Das kannte ich von Deutschland nicht. Wenn du zum Beispiel auf die Veste Otzberg im Odenwald fährst, kommst du gerade mal bis in den Burghof. Danach

kannst du deinen Lieben nur noch winken, während sie ohne dich auf den Turm hochkraxeln und die Aussicht genießen.

◆

Meine Reise nach Kanada war die erste richtig große Reise, die ich nach meinem Unfall gemacht habe. Die Planung hat eine Bekannte durchgeführt, eine deutsche mit einem kanadischen Freund. Sie hat eine rollstuhlfahrende Schwester und hat Wissen über die Bedürfnisse von Menschen mit Behinderung. Sie hatte sich einmal komplett vor Ort vorinformiert, war zu ihrem Freund geflogen und hatte gecheckt, was Menschen mit Handicap dort unternehmen können. So hat sie quasi ihre eigene Behindertenreise kreiert. Und ich gehörte zu einer Gruppe von Leuten, die davon profitiert haben.
Die Reise war ein Erlebnis, auch wenn sie keine wirkliche Aktivreise war. Aus heutiger Sicht würde ich sie eine typische Behindertenreise nennen. Man mutete uns nicht sehr viel zu und wir wurden ständig mit einem Van herumgefahren, worunter leider die Flexibilität litt. Auch die Organisation der Mahlzeiten war verbesserungswürdig. Es gab fast immer Fast Food, selten Gesundes. Aber wenn man von Lodge zu Lodge unterwegs ist, muss man sich mit dem begnügen, was am Straßenrand zu finden ist.
Dennoch ist Kanada jede Reisestrapaze wert. Wir haben wunderbare Landschaften gesehen, sind auf einem riesigen Segelschiff auf dem Atlantik gefahren. Alles, auch die Museen und Sehenswürdigkeiten, war gut zugänglich. Und direkt in der Stadt, in Halifax, war alles wesentlich barrierefreier als bei uns. In jedem Pub oder Restaurant konnte man davon ausgehen, dass eine behindertengerechte Toilette vorhanden war. Ein beispielhaft barrierefreies Land! Vor allem die Denkweise in den Köpfen der Menschen. Da liegt hierzulande noch so einiges im Argen.

Vor dieser Reise nach Kanada war ich einmal nach Gran Canaria geflogen, in eine Ferienanlage, die im Katalog als behindertengerecht beschrieben war. Vier Jahre nach meinem Unfall war das, 1996. Das war spannend, denn damals hatte ich noch überhaupt keine Reiseerfahrung als Behinderter und glaubte unbedarft, was da im Katalog stand. Für meinen Freund René, der mitreiste, war es aber noch viel spannender: Er ist querschnittsgelähmt und für ihn musste vor Ort noch mehr organisiert sein als für mich. Auf Gran Canaria waren es damals nicht nur 35 Grad im Schatten, sondern die Anlage lag auch noch auf einem Berg. Es ging erst einmal eine Viertelstunde abwärts, bis man im Ort ankam, wo es wenigstens ein bisschen Infrastruktur und städtisches Leben gab. Man wollte ja auch gern mal an der Promenade entlang schlendern. Damals hatten wir uns vorher keine Gedanken über so etwas gemacht – die Angestellte im Reisebüro übrigens auch nicht. Wir wollten einfach in eine barrierefreie Ferienanlage, Punkt. Und barrierefrei war diese auch wirklich, wir kamen überall hin, es gab Rampen, wir konnten in den Pool und so weiter. Das Problem war, sich von der Anlage weg- und wieder hinzubewegen. Ein behindertengerechter Zugang zur Innenstadt, an den hatte da wohl keiner gedacht. Wir wollten aber natürlich niemanden fragen, ob wir jetzt mal raus dürften aus der Anlage. Wir wollten einfach unabhängig sein und die Insel auf eigene Faust erkunden. Als wir schließlich unten waren und nach zwei bis drei Stunden wieder hoch wollten, zurück in die Anlage, wurde es interessant. René musste von meiner damaligen Freundin, die zum Glück dabei war, geschoben werden, sonst wäre er nicht wieder hoch gekommen. Ich selbst habe mich irgendwie hochgequält. Als wir dann oben waren, hatten wir beide rabenschwarze Hände vom Asphalt, der sich in der Gluthitze von der Straße über die Greifringe auf unsere Handflächen verteilt hatte. Diese Temperaturen – wir kamen völlig ausgelaugt wieder oben an. Das war unser einziger Ausflug in diesem Urlaub. Nach diesem Höllentrip blieben wir schön brav in unserer barrierefreien Anlage. Am Pool liegen, schwimmen, lesen und essen, so verbrachten wir die restlichen Urlaubstage.

◆

In den Folgejahren war ich dann oft auch zu Trainingszwecken auf Lanzarote. Hier mussten Berge nur erklommen werden, wenn man es selbst tatsächlich wollte. Alles andere war ebenso wie auf Gran Canaria keine Schwierigkeit und man konnte in Ruhe bei jedem Aufenthalt ein anderes Hotel austesten, um sich nach Barrierefreiheit und dem schönsten Pool umzusehen. Es ist wie so oft ein Prozess, der eine Weile dauert, bis man das Optimale für seine Bedürfnisse gefunden hat.

◆

Wäre ich Organisator behindertengerechter Reisen, würde ich erst einmal verschiedene Kategorien entwerfen, anhand von Art und Grad der Behinderung – von leicht über mittelschwer bis schwer. So gibt es die Leute, die sehr stark eingeschränkt sind in ihrer Beweglichkeit – zum Beispiel Querschnittsgelähmte, die nicht nur im Rollstuhl sitzen, sondern zusätzlich eine eingeschränkte Armfunktion haben. Diese benötigen ganz andere Unterstützung als zum Beispiel Senioren, die einfach nur geringfügig gehbehindert sind.
Berücksichtigen muss ich auch die Abenteuerlust des Reisenden. Ein gehbehinderter Rentner möchte wohl eher nur ausspannen, vielleicht mal spazieren gehen. Das erfordert relativ wenig Aufwand. Hingegen sind einige spezifische Hilfsmittel nötig, damit ein stark behinderter Mensch auf der Suche nach einem Adrenalinkick Jet-Ski oder Wasserski fahren oder Bungee-Jumping machen kann.
Auch das Sportangebot muss auf die Bedürfnisse abgestimmt

sein. So kommt nicht jeder Sandtennisplatz für Rollstuhlfahrer in Frage. Und auch beim Rollstuhl-Golf sind Sandbänke eher ungünstig. Hier muss ich mir andere, überwindbare Hindernisse einfallen lassen. Hierzu ein kleiner Tipp: Thailand ist ein wahres Golfparadies für Rollstuhlfahrer. Auch deswegen, weil die Menschen in Thailand sehr sozial eingestellt sind.

◆

Man müsste sich an die Reisegesellschaften wenden und sie beraten. Ihnen erklären, welche Bedürfnisse jemand mit dieser oder jener Behinderung hat. Ein kurzer Kraftakt und ein flächendeckender Blick könnten hier vielen, nicht nur Menschen mit Behinderung, einen großen Vorteil und noch mehr Urlaubsvergnügen verschaffen.

KAPITEL 12
Soziales Engagement

Jede Gesellschaft braucht Menschen, die sich engagieren. Das Ehrenamt spielt dabei seit Jahren eine zunehmend größere Rolle. Menschen, die andere unterstützen oder auf bestimmte Begebenheiten aufmerksam machen, Menschen, die in Rente sind, oder Berufstätige, die in ihrer Freizeit etwas für andere tun. Wenn man die Begriffe »Ehrenamt« und »Behinderte« verknüpft, landet man meistens beim Engagement von Menschen ohne Einschränkungen für Menschen mit Behinderung. Was weniger auftaucht, sind die umgekehrten Fälle, in denen Menschen mit Behinderung sich für eine Sache, vielleicht sogar für Menschen ohne Behinderung einsetzen. Dabei können Menschen ohne Handicap von Menschen mit Handicap viel lernen. Zum Beispiel

- Geduld zu haben mit sich und anderen
- Offenes Ansprechen schwieriger Themen
- Zielstrebigkeit und Durchhaltevermögen
- Die Welt mit offeneren Augen zu sehen, tolerant sein
- Dankbar und zufrieden zu sein mit dem, was man hat.

Leider mangelt es in unserer Gesellschaft an Vorbildern, die Menschen mit Handicap motivieren. Natürlich könnte jeder auch für sich allein auf Ideen dieser Art kommen, aber gerade wenn man eine Beeinträchtigung hat, ist erst mal ein besonders stabiles Selbstbewusstsein gefordert, um sich gesellschaftlich einzubringen und einzumischen. Mit einem Handicap kann man viele Dinge nicht oder nicht mehr so

»leichtfüßig« tun wie zuvor. Wer ein Handicap hat, muss sich in der Regel darauf einstellen, dass sich die Welt in manchen Bereichen langsamer oder anders dreht. Diese »Entschleunigung« ist durchaus positiv zu bewerten, denn sie ermöglicht es, Abläufe und Empfindungen in Zeitlupe zu reflektieren und damit ein Stück über der Situation zu stehen. »Metaebene« nennen Psychologen diesen Zustand.

Damit man sich traut, seinen eigenen Rhythmus gewinnbringend für die Gesellschaft zu nutzen, ist es aber wichtig, dass dir jemand Engagement zutraut – allen voran natürlich du dir selbst. Und man muss sich seiner Fähigkeiten und Stärken bewusst sein. Es gilt herauszufinden, in welcher Lücke der Gesellschaft ich als Puzzleteil verbindend wirken kann.

Sich einzusetzen – im Kleinen oder im Großen – macht zweifach glücklich: den, der etwas bekommt, und den, der etwas gibt. Darüber hinaus kann soziales Engagement generell gesellschaftliche Mängel und Defizite sichtbar machen und dauerhaft Abhilfe schaffen. Grundvoraussetzung dafür ist jedoch vor allem der feste Entschluss desjenigen, der sich einmischt und für andere einsetzt, selbst sichtbar zu werden. Gerade im Fall von Menschen mit Handicaps ist dieses *sich zeigen* nötig, damit sich der Gedanke der Inklusion fest in der Gesellschaft verankert, auch wenn es häufig eine Schwelle darstellt und die Überwindung nur mit starkem Willen gelingt.

◆

In meinem Leben bedeutet soziales und gesellschaftliches Engagement, dass ich mich ganz bewusst in der Öffentlichkeit zeige. Das machen viel zu wenige Menschen, die eine Beeinträchtigung haben. Sie gehen vielleicht raus auf die Straße, kaufen ein und besuchen hin und wieder eine Veranstaltung, aber sie präsentieren sich nicht so, wie es meiner Meinung nach notwendig wäre, um unserem »Team« eine richtige Lobby zu geben. Zwischen »gesehen werden« und »sich zeigen« besteht für mich ein großer Unterschied. Sich zu zeigen, das heißt für mich, ansprechbar zu sein. Ansprechbar auf das, was ich will, was ich tue, was ich bewegen möchte – und nicht zuletzt auf das, was mich behindert. Ich mache aufmerksam, indem ich Orte besuche, und ich mache aufmerksam, indem ich zum Beispiel sachlich, aber deutlich sage: »Ich kann Ihrer Einladung leider nicht nachkommen, denn dieser Ort ist nicht barrierefrei.«

Ich beantworte alle Fragen, die Nicht-Behinderte haben, wenn sie jemanden im Rollstuhl sehen. Das geht bis zu dem Punkt, dass ich gefragt werde, wie es meinen Eltern mit mir geht. Falls auch Ihnen diese Frage im Kopf herumspukt: Gut geht es ihnen. Dabei konnten sich meine Eltern zunächst nicht vorstellen, dass mein Leben nach dem Unfall aus mehr bestehen würde als daraus, mit meiner Behinderung zurecht zu kommen oder »fertig« zu werden. Mit meiner Behinderung werde ich aber nicht fertig. Nie. Sie wird bleiben. Ein größeres, wichtigeres »Aber« ist jedoch: Meine Behinderung macht mich nicht fertig, und ich nicht meine Behinderung. Die fehlenden Beine und ich, wir sind seit mittlerweile zwanzig Jahren ein erfolgreiches Team, wenn es darum geht, Menschen mit Beeinträchtigungen ein Gesicht und eine Stimme zu geben. Und sie sind meine Marketinginstrumente, wenn ich mich für Projekte einsetze. »Darf man das? Fehlende Beine als ›Marketinginstrumente‹ bezeichnen?«, hat mich einmal eine Leserin gefragt, die in meinem ersten Buch über das Kapitel *Ich bin eine Marke* gestolpert war. Ich fragte sie zurück: »Wie ist es mit Sasha Lobo und seiner sichtbar schrägen Frisur – darf *er* diese Auffälligkeit als Marketinginstrument verwenden?« Die Dame stimmte mir zu.

Wieso ist die eine Auffälligkeit gesellschaftsfähig und eine andere – fast »natürliche« – nicht? Ein Mensch, der keine Beine hat und sich dennoch bewegt, sollte eine Marke, ein Vorbild sein können. Für Menschen mit Behinderung und ohne. Denn genauso wie laut Joseph Beuys jeder Mensch ein Künstler ist, so hat auch sicher jeder Mensch ein Handicap. Beim einen ist das Handicap sichtbar, beim anderen nicht, aber ich bin überzeugt: Wir alle haben eins. Dass Menschen etwas schaffen können, dass sie fröhlich sind, leben und etwas zu geben haben, egal wie groß oder klein ihr Handicap auch sein mag, diese Botschaft trage ich gern und immer wieder in die Welt.

◆

Damit sich wirklich etwas in der Welt verändert, sind Vorbilder das A und O. Menschen, die etwas »anderes« vorleben, von der Norm abweichen und genau diesen »Special Effect« betrachten oder, wenn nötig, sogar anfassen lassen. Sich allen Fragen stellen. Wenn sich daraufhin jemand da draußen denkt: »Was der olle Sitzmann geschafft hat, das kann ich auch schaffen!«, dann rufe ich »YES!« und klatsche vor Vergnügen in die Hände, denn dann habe ich meine Aufgabe einmal mehr erfüllt. Hätte ich ein Transparent in den Händen, dann würde darauf stehen: Ich bin ein gesunder Teil in einer manchmal kranken Gesellschaft, und ich gebe meinen Teil dazu, damit es in dieser Gesellschaft in manchen Bereichen besser vorangeht.

◆

Einer der Höhepunkte meiner Projekte war ein 540 Kilometer langes Radrennen quer durch Norwegen, bei dem ich ganz bewusst angetreten bin, um Geld zu sammeln, und zwar für das Projekt *Aufwind e.V.*. Dieses Projekt gibt es seit 2007. Es ist eine soziale Einrichtung, in der pädagogische Fachleute Kinder, Familien und Alleinerziehende in schwierigen Situationen unterstützen. Momentan betreut *Aufwind* in der Mannheimer Neckarstadt fünf Tage die Woche mehr als 25 Kinder und deren Familien aus den verschiedensten Nationen. Das Projekt wird nicht staatlich gefördert. Auch deshalb hat *Aufwind* einen größeren Handlungsspielraum, um individuell und flexibel auf die jeweilige Notlage eingehen zu können. Damit landet die Hilfe immer genau da, wo sie am dringendsten gebraucht wird, und versackt nicht in teuren bürokratischen Kanälen.

Ich habe gemerkt, dass mein Einsatz trotz oder gerade wegen meiner Behinderung sehr gut funktioniert. Damals, kann ich mich erinnern, gab es einige, die staunten: »Das ist ja der Hammer, guck dir mal diesen Typen an! Der hat keine Füße und radelt sich hier für dieses Kinderprojekt die Seele aus dem Leib.« Manche fanden mich verrückt, viele trauten es mir nicht zu, andere waren begeistert – und alle gaben ihren finanziellen Teil dazu. Jeder soviel, wie er aufbringen wollte oder konnte. Manche unterstützten das Projekt auch mit Sachspenden. Eine Firma lieh mir ein Auto, eine Mannheimer Brauerei sponserte alle Getränke. Ein anderer Unternehmer sponserte Trikots, ein weiterer bedruckte sie. Es gab sehr viel Unterstützung, einige Fernsehteams kamen und filmten die ganze Aktion, und ich bin mir sicher, dass sich das nicht zuletzt so potenzierte, weil ich keine Beine hatte. Ich war selbst die Attraktion in der Sensation – und ich hatte Feuer in den Augen. Die Sponsoren bekamen durch mein Handicap natürlich auch eine gute Werbewirkung. Ganz klar, ich hätte das Rennen auch mit Beinen gewinnen können und sicher hätte ich auch in diesem Fall Sponsoren gefunden, aber weil ich keine Beine hatte, bewegte meine Agilität die Menschen besonders. Ich verstehe nicht, warum die Industrie Menschen mit Behinderung, die neben sportlichen auch überragende gesellschaftliche Leistungen erbringen können, nicht im vollen Maße als mögliche Werbepartner sieht. Und hier meine ich nicht die Hersteller von Medizinprodukten und Hilfsmitteln, sondern alle anderen Firmen, die zunächst einmal nichts

mit Handicap-Leuten zu tun haben. Ein Mensch mit Handicap hat in meinen Augen eine viel handfestere Botschaft als ein Sportler, der vielleicht einfach nur gut aussieht und läuft. Mit einer Kampagne, getragen durch einen Gehandicapten, kann man eine große Welle auslösen, die das Produkt und die Sache auf besondere Weise trägt und vermittelt. Sollte sich jetzt jemand angesprochen fühlen: Bitte einfach melden!
Weil meine Sache mit *Aufwind* so gut lief, versuche ich heute noch, andere Menschen zu motivieren, ihr Handicap zu zeigen und sich für eine Sache, die ihnen am Herzen liegt, einzusetzen.

◆

Dass ich mich engagiere, war und ist für mich eine Bereicherung. Dieses soziale Denken und Engagement hat dazu geführt, dass ich selbst reifen konnte. Immer mehr konnte ich Themen erfassen, die mich selbst motivieren und mein Herz zum Schlagen bringen. Ich begann, meine Fühler danach auszustrecken, wo ich Menschen helfen könnte, die in ganz anderen Lebenslagen stecken als ich selbst.
Dass dieses Engagement einmal an höchster Stelle anerkannt werden würde, hätte ich mir nie erträumt. Umso überraschter war ich, als ich Anfang Dezember 2011 einen Brief mit dem Siegel des Bundespräsidenten im Briefkasten vorfand. Ich war erst einmal verdutzt, fragte mich, was der wohl von mir wollen könnte. Der Bundespräsident ist ja so was wie der oberste Chef unseres Landes. Einen Brief von ihm zu bekommen, das war natürlich eine spektakuläre Angelegenheit.
Es war zwar nicht das erste Mal, dass ich Post von unserem »Weißen Haus« bekam. Dem Amtsvorgänger hatte ich mal mein erstes Buch geschickt, und dafür hat er sich mit einem Brief bedankt. Keine Ahnung, ob er es jemals gelesen hat. Ich hatte es ihm geschickt, weil es mir wichtig ist, deutlich zu machen: Mich gibt es. Mich und die anderen Bein-, Gehör- und Stimmlosen.

Diesmal war es aber anders. Der Bundespräsident schrieb mir, ohne dass ich ihn vorher bewusst auf mich aufmerksam gemacht hatte. Ich öffnete den Brief und hielt eine Einladung zum Neujahrsempfang des Bundespräsidenten im Schloss Bellevue in Berlin in meinen Händen! Aufgrund meiner Taten zum Wohl der Allgemeinheit hätte man mich hierfür ausgewählt. Hört, hört!
Im Fernsehen hatte ich einmal eine Reportage über Bürger gesehen, die zu diesem Empfang eingeladen waren. Die meisten von ihnen engagierten sich bereits seit einigen Jahrzehnten für die Allgemeinheit und freuten sich nun über diese unerwartete Form des Danks. Daher wurde mir schnell klar, dass mich hier eine ganz besondere Ehre traf, insbesondere da ich ja noch nicht so alt, also auch noch nicht so lange im »Geschäft« bin.
Es lagen Broschüren dabei und eine Liste mit Kontaktpersonen, an die ich mich wenden sollte, um meine Reise zu organisieren.
Bei der Anfahrt mit Rolli will ja einiges bedacht sein – Stichwort: Mobilitätsservice. Leider, leider steht der aber in Darmstadt ja erst ab 6.00 Uhr zur Verfügung und unser Zug fuhr bereits um 5.42 Uhr ab. Also mussten wir den Einstieg selbst organisieren und deshalb noch früher am Morgen aufbrechen. Es lief dann aber alles ganz entspannt, wir waren gut in der Zeit. Weil es dem Schaffner so peinlich war, dass uns der Mobilitätsservice nicht zur Verfügung stand, hat er uns auf der Reise sehr verwöhnt, mit Extra-Frühstück am Platz und allem Drum und Dran. So vergingen die 3-4 Stunden Fahrt wie im Flug. In Berlin angekommen, ging's dann im Taxi gleich weiter ins Hotel.
Es war der Tag vor dem Neujahrsempfang. Am Nachmittag wurden wir zu einer Vorbesprechung mit einem gepanzerten Wagen abgeholt und ins Schloss Bellevue gefahren. Das war ein Extra-Service für uns, denn wir durften mit dem dicken

Schlitten vorneweg direkt ins Schloss fahren, während die anderen Gäste erst einmal in zwei Reisebusse einsteigen mussten und dann etwas umständlicher ins Schloss gebracht wurden. In dem Fall war meine Behinderung sogar ein Vorteil!

Wir versammelten uns alle in einem großen Saal. Hier erfuhr ich, wie der Bundespräsident die Menschen für diesen Empfang auswählt: Mitte des Jahres erhält er aus jedem Bundesland je 20 Vorschläge und entscheidet dann, wen er einlädt. Die anderen Gäste waren wegen ganz unterschiedlicher Leistungen eingeladen. Eine sehr junge Dame, bestimmt noch keine 20 Jahre alt, hatte sich in ihrem Heimatort in Sachsen gegen Rechtsextreme eingesetzt. Andere waren aktiv bei der Integration von Ausländern in Deutschland. Wieder andere hatten Hospizarbeit geleistet, sich für die Erhaltung alter Handwerksberufe eingesetzt oder in Schulen Kindern von der deutschen Geschichte und ihren Erlebnissen im Krieg berichtet. Bei mir hieß es, dass ich stets Ansprechpartner sei für alle Menschen, wenn es um das Thema Integration von Menschen mit Behinderung gehe, dass ich mich mit diesem Ziel für verschiedenste Projekte einsetzte und in der Öffentlichkeit von meinem Leben berichtete, um anderen Menschen in ähnlicher Lage Mut zu machen. Als man mich auf diese Weise vorstellte, bekam ich schließlich das Gefühl, tatsächlich in diese Runde zu passen. Und ich war dankbar und glücklich darüber, dass man mir so unverhofft ein von der Öffentlichkeit wahrnehmbares Forum bot, um meine Sache an den Mann zu bringen.

Als es dann am nächsten Tag endlich soweit war, wartete ich bis zur letzten Minute, um mich in Smoking und Fliege zu kleiden – vor Aufregung war ich ganz schön erhitzt. Ein Chauffeur holte uns ab, der Annika ganz stilecht die Autotür aufhielt. Um 8.30 Uhr fuhren wir los. Alle umliegenden Straßen waren von der Polizei abgeriegelt und auf dem Platz wimmelte es von Beamten. Nach einer herzlichen Begrüßung wurden wir in die Galerie gebeten, in der wir dann noch über eine Stunde warteten, bis das Defilee endlich begann. Irgendwann hieß es dann: »Herr Sitzmann und Begleitung, wir bitten Sie, uns zu folgen.« Wir wurden auf Extrawegen weiter eskortiert, um die Treppen zu umgehen. Backstage-Tour Schloss Bellevue. Wir durften uns auf einer Leder-Garnitur niederlassen und konnten das ganze Treiben noch ein wenig beobachten. Irgendwann wurden die Bürgerinnen und Bürger in alphabetischer Reihenfolge aufgestellt. Alle in der Schlange wirkten aufgeregt. Ich versuchte vergeblich, meine schwitzigen Hände trocken zu wedeln, als plötzlich von links Blitzlichtgewitter losging und einer nach dem anderen aus der Reihe dem Bundespräsidenten die Hände schüttelte – 20 bis 30 blitzschnell vergehende Sekunden für jeden, so sah es das Protokoll vor. Doch mir kam die Zeit unseres Gesprächs viel länger vor: Wir begrüßten den Bundespräsidenten und seine Gattin und sprachen gefühlt minutenlang über Gott und die Welt. Nach dem Empfang wurden wir zum Mittagessen an die Tische geleitet. Hier ereilte uns gleich die nächste Überraschung: Auf dem Platz neben dem Bundespräsidenten stand kein Stuhl – ich sollte also neben ihm sitzen! Es gestaltete sich als eines der spannendsten Erlebnisse meiner Rolli-Karriere und wird mir wohl noch lange im Gedächtnis bleiben.

◆

Der Politrummel in der Hauptstadt war spannend, hat mir aber auch gezeigt, dass Politiker ebenso »nur« Menschen sind. Politik ist auf dieser Ebene nichts für mich, aber ich war schon immer ein sozial eingestellter Typ. Nach meinem Unfall hat sich mein Drang, mich einzubringen, verstärkt, weil ich sehr bald gemerkt habe, dass ich in dieser neuen Situation viel präsenter sein kann als vorher; ich erlange mehr Aufmerksamkeit. Diese Erkenntnis hat mein ganzes System zum Kribbeln gebracht.

Mit der Zeit lernte ich Menschen kennen oder erfuhr von ihren Geschichten, die mir halfen zu verstehen, dass ich ein Teil dieser Gesellschaft bleibe, auch wenn ich mich auf Rädern durch die Welt bewege. Ich denke da an den Golfsportler Jens Maspfuhl. Seit vielen Jahren ist er von der Brust abwärts querschnittsgelähmt, sitzt im Rollstuhl und ist – wie er selbst auf seiner Internetseite[3] erzählt – trotzdem glücklich. Er schafft es, sein Leben trotz Behinderung zu wuppen, aktiv und mobil zu bleiben. Er engagiert sich unermüdlich für andere, schafft Rollstühle nach Thailand und sammelt Spenden für die *Deutsche Unfall- und Katastrophenopferhilfe e.V.* (DUK e.V.), die er selbst ins Leben gerufen hat. Jens' Querschnittslähmung mit Bruchhöhe C7 bedeutet für ihn, dass auch er eingeschränkte Arm- und Handfunktionen hat. Bei einem Thailand-Urlaub im Jahr 2003 hatte er einen schweren Verkehrsunfall. Auf dem Weg zum Golfplatz wurde er von einem vorbeifahrenden Auto erfasst, flog durch die Luft und brach sich auf der Stelle den Hals. Seit diesem Tag sitzt er im Rollstuhl. Seinen größten Wunsch, auch als Rollifahrer wieder Golf spielen zu können, hat er sich dank seiner unglaublichen Willenskraft erfüllt: Er ist vierfacher Deutscher Meister im Paragolf, also im Rollstuhl-Golfsport. Seine Parole lautet seit seinem Unfall: »Seid stark und gebt nicht auf, wir haben nur dieses eine Leben!«

◆

Jens hat sich mit seiner Behinderung arrangiert und das Beste daraus gemacht. Er nutzt sie, um Menschen mit anderen Schwierigkeiten zu helfen und um auf Missstände hinzuweisen. Jedes Jahr veranstaltet er ein Charity-Golfturnier, bei

3. www.jens-maspfuhl.de.

dem Summen von bis zu 10.000 Euro zusammen kommen. Das Geld kommt Menschen zu Gute, die Unterstützung und Hilfsmittel wie zum Beispiel Rollstühle brauchen. Ich finde das beeindruckend und in höchstem Maße förderungswürdig, denn er tut dies aus eigenem Antrieb heraus. Jens Maspfuhl hat sich von seinem Schicksal nicht unterkriegen lassen, sondern es angenommen und zum Guten gewendet. Er hat es geschafft, seine Leidenschaft, die er als Fußgänger hatte, in die neue Situation im Rollstuhl mitzunehmen – was zugegebenermaßen nicht in jedem Fall möglich ist.

◆

Dem zweiten Kandidaten auf meiner Vorbilder-Liste, Estevan, ist dies ebenfalls gelungen. Estevan hat eine Muskelschwunderkrankung, weswegen er ebenfalls im Rollstuhl sitzt. In seinem Fall ist es ein E-Rollstuhl, ein relativ schmales Modell. Estevan hat mit anderen einen Verein gegründet, der sich *Rollis für Afrika e.V.* nennt und Hilfsmittel und Geld für Menschen aus Afrika sammelt. Auch Estevan ist für mich eine beeindruckende Persönlichkeit, weil er etwas aus seinem Schicksal macht. Er kann, so erzählt er es selbst in einem Film[4], außer den Zehen und dem rechten Arm nichts bewegen. Mit dem Arm kann er gerade mal den Joystick seines E-Rollstuhls bedienen. Ansonsten ist er 24 Stunden am Tag auf fremde Hilfe angewiesen. Er engagiert sich für die Gesellschaft in unserem Land, spricht, wie ich auch, vor Schulkindern über sein Handicap und lehrt sie, über ihren Tellerrand als körperlich Unversehrte hinaus zu schauen. Sie sollen begreifen, dass es nicht jedem Menschen in Deutschland so leicht fällt, sich frei zu bewegen. Dazu nimmt er zum Beispiel einen zweiten Rollstuhl mit in die Schulklassen und stellt den Kindern dann

4. http://www.youtube.com/watch?v=6FkodGa1Hwk.

Fragen wie: »Wie behindertengerecht ist denn eigentlich eure Schule? Versucht doch mal, mit dem Rollstuhl auf die Toilette zu kommen!« Ein Kameramann begleitet dann die Kinder, die ins Klo fahren und natürlich feststellen, dass sie dort ihre liebe Not mit dem Rollstuhl haben. Also schon wieder eine Schule entdeckt, die im Sinne der Integration für Rollstuhlfahrer ungeeignet wäre! Estevan leistet tolle Aufklärungsarbeit an der Basis. Er baut Berührungsängste ab und regt die Kids und ihre Lehrer zum Nachdenken an. Einmal forderte er einen Schüler auf, sich auf den Boden zu legen. Er fragte ihn, wie das wohl für ihn wäre, wenn er den ganzen Tag so auf dem Rücken liegen müsste. Was er wohl in dieser Situation noch machen könnte? Der Schüler meinte, dass in dieser Lage nicht mehr viel machbar sei. Anschließend sollte der Junge sich in den Rollstuhl setzen und ausprobieren, welche Möglichkeiten er denn nun damit habe. Der Junge fuhr ein wenig im Rollstuhl herum, drehte sich mal nach rechts und mal nach links. »Da kann ich mich ja wenigstens bewegen, von A nach B kommen. Und ich bin aufrecht. Kann anderen direkt ins Gesicht schauen«, sagte der Junge. Das war eine sehr eindrucksvolle Erfahrung für ihn. Diese Begegnung öffnete ihm das Bewusstsein dafür, dass im Rollstuhl zu sitzen grundsätzlich gar nicht das Schlimmste ist. Denn es wäre ja noch viel schlimmer, nur reglos auf dem Rücken liegen zu können.

◆

Ein weiterer beeindruckender Mensch mit Behinderung ist für mich seit Jahren der Rollstuhlfahrer und Weltenbummler Andreas Pröve. Das schließt sich nicht aus! Andreas hat schon mehrere Bücher über seine Reisen geschrieben, etwa über seine abenteuerliche Tour von Kalkutta bis zur Quelle des Ganges, quer durch Indien – mit dem Handbike! Andreas ist ein ganz spezieller Fall und für unsere Gesellschaft extrem wichtig, weil er seine Behinderung nicht nur akzeptiert und sich mit ihr arrangiert hat, sondern darüber hinaus Dinge tut, die nicht einmal jemandem, der nicht körperlich eingeschränkt ist, in den Sinn kämen. Wer würde schon auf die Idee kommen, mit dem Fahrrad quer durch Indien zu fahren, ohne zu wissen, was ihn dort erwartet – und das Ganze dann noch mit einer Querschnittslähmung! Verrückt ist das – und mutig. Solche Verrücktheiten aber braucht unsere Gesellschaft, um sich vom klischeehaften Bild des Behinderten zu lösen.

◆

Aus diesem Grund möchte auch ich natürlich immer weiter machen mit meinem Engagement für andere. Das Schönste daran ist: Wenn du dich einbringst, bekommst du alles irgendwann zurück! Engagement gibt dir das wunderbare Gefühl, dass du anderen Menschen geholfen hast und gebraucht wirst. Und dieses Gefühl ist unbezahlbar, insbesondere wenn deine Lebensumstände vermuten lassen würden, dass eher *du* derjenige bist, der Hilfe benötigt. Wenn du bei einem Radrennen, das du bestreitest, einen Batzen Geld für Kinder sammelst und die Zwerge dich später angrinsen, weil sie ein neues Spielzeug oder endlich mal wieder etwas Ordentliches zum Mittagessen bekommen haben, dann ist das mehr als genug Dank und motiviert schubartig zu neuen Aktionen. So hat mich auch die Norwegen-Radtour gleich zum nächsten Projekt angespornt: Mit meinem Freund Max habe ich 2010 am Marathon in New York teilgenommen. Ebenfalls für einen guten Zweck: für ein Projekt in Coburg, den *Hippo-Mobil e.V.*, der therapeutisches Reiten für schwerstbehinderte Kinder anbietet. Und im Moment gären bereits diverse andere Ideen, die ich in nächster Zeit umsetzen möchte: Ich bin ein Mensch mit Behinderung, ich bin sportlich und ich bin sozial engagiert. In dieser Kombination habe ich vor, noch viel zu bewegen.

Karl

Karl Kübel Preis 2012
Familien mit Behinderung

KAPITEL 13
Alle Jahre wieder

Weihnachten ist eine besondere Zeit für mich. Nicht unbedingt im christlichen Sinn, sondern weil man all die Menschen wiedersieht, die einem wichtig sind. Das Jahr neigt sich dem Ende und alle Verwandten und Freunde wollen sich noch einmal sehen. Als hätten sie das nicht auch vorher mal machen können.
Aber so schön diese Adventsverabredungen sind, haben sie auch ihre Schattenseiten: Die ganze Welt kommt in den »Lass uns doch vor Weihnachten noch mal treffen«-Stress. Als gäbe es kein nächstes Jahr! Die Gemütlichkeit kann da schon mal auf der Strecke bleiben – gerade für Menschen mit einer Beeinträchtigung. Die Straßen, Cafés und Plätze sind verstopft, sodass man kaum vorwärts kommt, und Behindertenparkplätze sind rarer als Steinpilze in der Sammelzeit. Außerdem sind sie schwer zu finden; man muss die Augen offen halten und suchen und suchen, um irgendwann – hoffentlich – den einen Platz zu finden, der in der Nähe des gewünschten Ziels liegt.

◆

Ich bin mit meinem Freund Max verabredet. Sein Büro liegt in der Nähe des Wasserturms in Mannheim. Da bietet es sich an, zusammen auf den Weihnachtsmarkt zu gehen. Weihnachtsmärkte gehören für mich einfach zum Weihnachtsfeeling dazu, und bei gefühlten 2000 Weihnachtsmärkten, die es in unserer Region gibt, scheint das Angebot eine riesige Auswahl darzustellen. Aber, um bei den Pilzen zu bleiben, für einen Rollifahrer schrumpft diese Anzahl gleich zu einem Mini-Pfifferling zusammen, denn die meisten Weihnachtsmärkte sind alles andere als barrierefrei. Dass Max sich ausgerechnet am Nikolaustag treffen will, verschärft die Angelegenheit, denn auf den Märkten tummeln sich Chöre und Menschenmassen – Nikoläuse und die verschiedenen Kinderaufführungen sind ein besonderer Magnet. Die Besucherdichte pulsiert und es hängt eine Glühweinwolke über allen Ständen. Am Nikolaustag ist es ähnlich eng auf den Märkten wie am letzten Öffnungstag – verdammt eng, wenn man dieses Wort an Weihnachten benutzen darf. Auch mancher Fußgänger versucht zu flüchten, und wenn die ersten Leute über mich und meinen Rollstuhl gepurzelt sind, ist die größte Anfangsstrapaze überstanden und ich kann mich auch mal auf den Weihnachtsmarkt konzentrieren.

◆

Aber erst einmal auf den Weihnachtsmarkt gelangen ... Der Behindertenparkplatz in der Nähe von Max' Büro ist, wie erwartet, besetzt. Ich schätze, dass es in dieser Ecke sowieso nur ein paar wenige Behindertenparkplätze gibt, und gehetzt blicke ich mich um. Eigentlich müsste auf den Schildern, mit denen Behindertenparkplätze gekennzeichnet sind, vermerkt sein, wo sich der nächstgelegene befindet, so ähnlich, wie man es von Apotheken oder Parkhäusern kennt: »Der nächste Behindertenparkplatz ist in der ...-Straße. Bitte versuchen Sie es dort.«

Manche Städte haben Listen mit ihren Behindertenparkplätzen im Internet. Das ist ein guter Ansatz, aber während ich Auto fahre, kann ich darauf ja nicht zugreifen. Außerdem gibt es solche Listen nur von einigen Großstädten. Mannheim zum Beispiel ist schon mal nicht dabei.

◆

So bin ich also gezwungen, mich durch den Adventsverkehr zu quälen, ohne zu wissen, wo der nächste Behindertenparkplatz ist und ob ich dort Glück haben werde. Das ist, als wollte ich an einer Lotterie teilnehmen, ohne zu wissen, wo ich die Lose kaufen kann. Und die Gewinnchancen sind wahrscheinlich auch vergleichbar ...

◆

Behindertenparkplätze sind für Menschen mit Handicap und im Rollstuhl eine ganz wichtige Hilfe. Normale Parkplätze sind für mich keine Alternative, denn diese sind für Rollifahrer zu schmal. Es ist unmöglich, die Tür zu öffnen und gleichzeitig den Rollstuhl neben mir zu platzieren. Deswegen hat ein kluger Kopf sich einst Behindertenparkplätze ausgedacht. Ich gebe jedoch zu, dass ich – wie andere Autofahrer auch – meinen Wagen gern in der Nähe habe. Ich möchte nicht kilometerweit von meinem Treffpunkt entfernt parken müssen, und ich rutsche mit dem Rollstuhl ungern über Bordsteinkanten und Straßenecken.
Mit meinem blauen Behinderten-Parkausweis kann ich in der gesamten EU und in vielen anderen Ländern auf den speziell markierten Stellplätzen parken, die andere Autofahrer nicht oder nur eingeschränkt benutzen können. Parkuhren und Parkscheinautomaten brauchen mich gar nicht zu interessieren – zwei große Vorteile, würden nicht regelmäßig Leute ohne Behinderung ihre Karren auf solchen Plätzen abstellen. Die könnte ich zwar abschleppen lassen, aber auf das Theater habe ich jetzt, in der Weihnachtszeit, keine Lust. Das verdirbt nur die Laune – und kostet nebenbei enorm Zeit!

◆

Während ich meine Parkplatz-Suchrunden drehe, blicke ich von allen Seiten in den Markt hinein. Ich sehe, wie immer mehr Menschen durch die kleinen Gassen strömen. Der Hunger grummelt in meinem Bauch und ich überlege, welche

Wurst ich gleich am Stand verspeisen werde. Mal schauen, ob ich Schlange stehen muss. Auch darauf habe ich keinen Bock, weil ich dann in der Regel nur Hinterteile sehe. Das ist oft der typische Rollstuhlfahrerblick. Runter schauen, damit man kein Kabel übersieht, geradeaus schauen und mit dem Blick auf Hinterteilen landen. Nackenstarre, wenn man mit jemandem sprechen oder etwas kaufen will. Außerdem ist es in den Gängen eng. Ich leide zwar nicht unter Klaustrophobie, aber ein gutes Gefühl ist das trotzdem nicht. Eine etwas entspanntere Atmosphäre wäre mir lieber.

Annika befürchtete zu Beginn unserer Liebe, dass Menschenansammlungen mich nervös machen könnten. »Es kommt darauf an«, habe ich ihr damals erklärt, »mit welcher Grundeinstellung ich von zu Hause losgezogen bin.« Meine Grundeinstellung heute ist nicht gerade locker, weil ich spät dran bin und keinen Parkplatz für mich finde. Weil ich Max nicht erreiche, bleibe ich eine Weile mit dem Auto stehen und warte ab. Tatsächlich, der Parkplatz für Behinderte vor seinem Büro wird frei. Ein nicht Behinderter fährt weg – aber gut, lassen wir das heute. Es ist schließlich bald Weihnachten, das Fest der Liebe und des Friedens!

»Hey«, ruft Max und kommt auf mich zu. Wir versuchen, möglichst schnell die Straße zu überqueren, und schon sind wir mitten drin im Gewühl. Vieles, das hier auf dem Boden liegt, ist für meine Räder ein wahrer Hindernisparcours. Versorgungskabel soweit das Auge reicht. Wäre ich noch Fußgänger, dann wäre ich jetzt zwei Meter groß, würde mich durchschlängeln und ganz gelassen über diese Kabel steigen. Mit Rädern statt Beinen ist die Sache schwieriger. Man muss Anlauf nehmen oder einen Umweg fahren.

»Soll ich helfen?«, fragt Max, aber ich sage: »Nein danke, es wird gehen.«

»Wirst du oft angesprochen?«, will Max weiter wissen.
»Nur von Damen ab 90 Jahren«, flachse ich zurück.

◆

Aber natürlich, ja, ich werde immer wieder angesprochen. Besonders während der letzten paar Jahre. Wenn man seine Behinderung öffentlich macht, dann stellen Menschen gern Fragen oder verteilen wangenerrötendes Lob.
»Super, wie Sie das machen«, sagen sie zum Beispiel und klopfen mir dabei jovial auf die Schulter. Sie registrieren, dass ich nicht über der Lehne meines Rollstuhls hänge und mich augenscheinlich nicht aufgegeben habe. Beide Daumen hoch.
Manchmal geht mir das Getue auf die Nerven, denn es ist ja nun nicht die große Kunst, sich wie ein Mensch zu bewegen, wenn man einer ist. Selbst wenn man im Rollstuhl sitzt. Ich lobe ja auch niemanden, bloß weil er sich unter Leute begibt und dabei aufrecht geht: »Gaaanz toll! Mit zwei Beinen prima unterwegs. Super. Weiter so! Immer schön einen Fuß vor den anderen.«
Zu Beginn meiner Behindertenkarriere versuchte ich mich gleich im Rollstuhl groß zu machen. Das war wohl die »Ich bin der Sitzriese und der Starke im Rolli«-Pose. Ich wollte den Leuten zeigen: Hier bin ich. Nur weil ich im Rollstuhl sitze, lasse ich mich nicht einfach übersehen.
Wenn ich mich heute an diese Zeit erinnere, muss ich lächeln und es steigen Bilder vom Schlossgrabenfest in Darmstadt in mir auf. Ich mit dem Rollstuhl im Gedränge und noch keine 20 Jahre alt. Trotz meiner Behinderung ging ich auch damals gern auf Partys und Feste. Ich zeigte mich ganz bewusst und wollte, dass die Menschen glotzen. Vom Typ her war ich eher ein »junger Wilder«, und es lag mir viel daran, andere Menschen zu provozieren.
»Sollen sie doch glotzen und blöde Fragen stellen, wenn sie

sich trauen«, dachte ich. »Wer mich anspricht, der bekommt schon die richtige Antwort!«
Diese Art von Provokation und kleinem Widerstand war wohl ein Teil meiner Verarbeitung. Es war nicht direkt eine Mutprobe, aber es hatte etwas mit Mut zu tun. Obwohl ich in dieser Zeit immer mit meiner Clique rumzog, was eine andere Situation war, als allein unterwegs zu sein. Du rollst dann los, und deine Leute sind immer mit dabei. Man lacht zusammen, blödelt, hilft sich und ist zusammen stark. Alkohol habe ich allerdings damals auch schon sehr wenig getrunken, denn im betrunkenen Zustand sind blöde Blicke der Passanten noch weniger zu ertragen und Hilfsangebote werden schnell als aufdringlich empfunden. Betrunkene Menschen glauben nicht, dass ich ohne Hilfe klar komme, oder sie kommentieren jeden Schritt. Mit zunehmendem Alkoholpegel nehme ich das persönlich. Heiko Kuhnert, ein Hamburger PR-Berater, der seit seinem siebten Lebensjahr nach einer Tumor-Operation ohne sein Augenlicht lebt, hat das in seinem Blog gut auf den Punkt gebracht: »Es ist dieses Nicht-ernst-nehmen, das mich so wütend macht. Wenn ich sage, dass ich keine Hilfe möchte, dann ist das so. Wenn man mich dann nicht in Ruhe lässt, dann spricht man mir ab, selbst zu wissen, was gut für mich ist.« Genau so ist es.

◆

»Jedes Verhalten hat Auswirkungen«, sagt Max, während er einen Schokoladenengel kauft. Ich weiß, was er mir sagen will. Nachdem man seine eigene Behinderung begreift, kommt zunächst Verzweiflung und danach Wut. Und zuletzt der ungute Reflex, sich in andere Köpfe hineinzudenken. Zu überlegen, was diese Menschen sehen, denken, fühlen, und in welche Schublade sie dich nach den nächsten drei Minuten stecken. Das kumpelige Auf-die-Schulter-Klopfen empfinde ich dann als Respektlosigkeit, und die Hilflosigkeit, die sich vielleicht dahinter verbirgt, will ich nicht sehen. Ich muss ja auch klar kommen, obwohl ich manchmal hilflos bin. Und ich klopfe, um dies zu bewältigen, ja auch nicht einfach anderen Menschen auf die Schulter.

◆

Dass Unsicherheiten auftauchen, wo Menschen mit und ohne Behinderung aufeinander treffen, ist verständlich. Aber man kann etwas tun, um diese abzubauen. Zum Beispiel kann man nachlesen, wie man sich verhalten soll, wenn man einem Rollifahrer begegnet. Wird er beißen? Wird er kläffen? Muss ich ihn sofort ansprechen und sollte ich ihn dabei dutzen? Gehört es zum guten Ton, den Rollstuhl zu packen und den Menschen darin zu schieben? Das Deutsche Rote Kreuz hat hierzu hilfreiche Tipps (*http://www.drk.riesenbeck.de/rkgem/btd_umgangbehmenschen.htm*).
Eine davon lautet: »Erst fragen, dann helfen!« Man kann dem Ganzen natürlich auch einen größeren Feinschliff geben. Ich schlage den Knigge vor, die Ideen waren doch schon im 18. Jahrhundert ziemlich gut. Der deutsche Knigge-Rat schreibt in einer Pressemitteilung: »Menschen mit Behinderung stehen nicht auf Mitleid, sondern auf Manieren!« Fragen, Abstand halten und Höflichkeit zählen da dazu. Auch Barrierefreiheit kann unterstützen, weil es kein Gefälle gibt. Niemand, der sich über den Schalter beugen muss, um mich zu verstehen, und niemand, der gleich aus seiner Bude fällt, bloß weil ich eine Wurst bestellt habe.

◆

Immerhin ist Weihnachtsmarkt, über den Max und ich uns gerade tummeln, keiner, der mir mit Ständen der *Aktion Sorgenkind* oder ähnlicher Organisationen auf die Nerven geht. Dieses Basar-Ghetto, in dem gehäkelte Topflappen für

Menschen in Not angeboten werden. Obwohl eine gehäkelte Toilettenrolle auf der Ablage des Super Seven bestimmt ein echter Hingucker wäre! Solange es noch keine Basare von behinderten Menschen für Fußgänger gibt, kaufe ich an solchen Ständen sicher nichts. Inklusion bedeutet für mich, dass Menschen für Menschen etwas tun, egal, ob sie den Kopf unter dem Arm tragen oder auf dem Hals.

Ich habe mein Leben »stufenlos« ausgerichtet – in jeder Hinsicht. Stufenlos in der Kommunikation und auch im Einkauf. Geschäfte, die für mich schwer begehbar sind, betrete ich heute nicht mehr. Früher bin ich hin und wieder aus dem Rollstuhl ausgestiegen und zwei oder drei Stufen hochgekrabbelt. Ich würde mich auch nur in Ausnahmefällen schieben lassen, deswegen fehlen an meinem Rolli entsprechende Griffe. Ich habe alles darauf ausgerichtet, dass ich allein zurecht komme. Außerdem bin ich, wie gesagt, eitel. Wie sieht denn das aus, wenn so ein ganzer Kerl wie ich geschoben wird! Nun ja, so bin ich eben.

Es geht nicht darum, dass alles gleich verändert werden muss – ein bisschen weihnachtliche Streckgymnastik schadet nichts und hilft obendrein beim Verdauen der Weihnachtsgänse. Aber zu erkennen und zu planen, wie wir barrierefreier leben und feiern können, ist wichtig und ein Muss für die Inklusion. Die Welt mit den Augen des anderen sehen. Wissen, dass auch ich lieber von Angesicht zu Angesicht bestelle und nicht immer auf Hintern blicken mag. Weihnachtsmärkte so zu konzipieren, dass ich bequem rollen kann und mein Blick nicht nach Hürden und Fallen suchen muss. Gleich sein und nicht auf fremde Schultern klopfen.

◆

»Und was wünscht du dir noch vom Weihnachtsmann?«, fragt Max. »Na, eine Parkplatz-App!«, lache ich und hoffe, dass irgendein Student dies liest und Lust hat, so ein Leitsystem zu programmieren. Wenn ja: Er oder sie soll sich melden. Ich lad auch zu 'ner Bratwurst ein – und das nicht nur zur Weihnachtszeit.

KAPITEL 14

Gelungene Inklusion – Ein Traum, der wahr werden kann

Als ich begann, meinen Beruf unter Berücksichtigung meiner Beinsituation zu planen, da waren Umschulungsmaßnahmen ein großes Thema. Stichwort: Reha-Maßnahme. Rehabilitation war damals überhaupt der ganz große Begriff, sowohl in Bezug auf Behinderungen als auch beim Strafvollzug. Irgendwie kurios, dass diese beiden von ihrer Natur her ja doch sehr unterschiedlichen Angelegenheiten in diesem Zusammenhang Hand in Hand gehen ...

Die Stiftung Rehabilitation Heidelberg (SRH) war eine der Möglichkeiten für Behinderte, sich wieder »eingliedern« zu lassen. Gegründet wurde sie für Kriegsversehrte, im Jahr 1955. Ein Komplex von Häusern am Neckar, aus der Behinderte in die Welt hinaus rollten, als wäre diese Einrichtung ein Nest. Ehrlich gesagt, hat mich die damalige SRH nicht sehr interessiert, weil ich keine große Lust hatte – und habe –, in einem Behinderten-Ghetto zu leben und zu lernen.

Im Laufe der Jahre hat sich die SRH jedoch verändert. Sehr groß ist sie geworden und sehr modern, mit einem eindrucksvollen Gebäude, dem Science Tower, der weit sichtbar ist und eine auffallend blaue Farbe trägt. Die Stiftung umfasst eine Vielzahl von Hochschulen, Berufsfach- und allgemeinbildenden Schulen, Bildungszentren für Weiterbildung und berufliche Rehabilitation sowie Krankenhäuser und Rehabilitationskliniken. An insgesamt sechs Hauptstandorten, zahlreichen Filialen und Zweigstellen erhalten Menschen im Fall von Krankheit oder Behinderung Ausbildungen, Umschulungen und Hilfe bei der Wahl eines neuen oder erweiterten Berufslebens.

◆

Die SRH ist in meinen Augen gewachsen und wurde immer präsenter, sodass heute nicht nur Behinderte dort lernen und studieren, sondern auch Menschen ohne Beeinträchtigung. Und weil die Hochschule barrierefrei ist, ist dies auch wirklich möglich. Das ist so gar nicht selbstverständlich! Im Rahmen meiner Recherchen für dieses Buch traf ich ein »Urgestein« der Hochschule der SRH: Prof. Dr. Michael Nagy. Einer, der den Wandel von der Rehabilitation zur Inklusion hautnah miterlebt hat, da er einer der »dienstältesten« Mitarbeiter der SRH ist. In einem Gespräch machte mir Dr. Nagy noch einmal deutlich, dass Lernen und die Arbeit mit behinderten Menschen längst wirtschaftlichen Bedingungen unterliegt und kein Bereich der sozialen Almosen ist. Wer aber einen wirtschaftlichen Blick hat, der nimmt die Sache ernst und öffnet sich nach außen, denn Märkte und Kunden sind das Thema und nicht: »Wie kann ich ein lieber Gutmensch sein«. Also, frei nach dem Film Ziemlich beste Freunde: »Keine Hände, keine Schokolade.« Dieser Blick von einer Art Meta-Ebene macht alle Studierenden gleich, egal ob sie Beine haben oder nicht, und das ist eine wohltuende Gleichschaltung. Heute studieren allein an der Hochschule der SRH 2.200 Studierende in mehr als 30 Studiengängen und es fällt nicht auf, wer davon im Rollstuhl sitzt und wer nicht. Genauso will ich das! Die Hochschule entwickelt sich und die Lernenden darin ebenfalls. Jüngst wurde von einem Studierenden die Idee entwickelt, wie ein Smartphone für Menschen ohne Arme brauchbar wird, und viele, die dort lernen, überlegen, wie sie als behinderte Menschen der Gesellschaft von Nutzen sein können. Jeder kann hier von jedem lernen. Das ist für mich gelungene Inklusion – und das Ziel, das wir alle anstreben sollten.

Ein Interview mit Prof. Dr. phil. Michael Nagy von der SRH Hochschule Heidelberg*

Wie hat sich Ihre Bildungseinrichtung in den letzten Jahren verändert?

Da ist eine ganze Menge passiert. Wir haben uns von einer puren Reha-Bildungseinrichtung zu einer privaten Bildungseinrichtung, die für alle offen ist, entwickelt. Das bedeutet, dass Menschen mit und ohne Handicap gemeinsam die unterschiedlichsten Ausbildungen machen können. Wir sind in dieser Zeit auch insgesamt sehr viel offener geworden. Früher war es so, dass auf unserem sehr viel kleineren Campus die Behinderten unter sich waren. Mittlerweile haben wir ein sehr gutes Mischungsverhältnis zwischen Menschen mit und ohne Handicap. Das ist eine wunderbare Möglichkeit, auch voneinander zu lernen. Soziales Lernen ist ein wichtiger Bestandteil unserer Philosophie.

Was ist in den Köpfen der Menschen in dieser Zeit passiert?

Ich würde sagen, dass auch da viel Öffnung stattgefunden hat. Als ich vor vielen Jahren angefangen habe, bei der SRH zu arbeiten, war beispielsweise die Beratung noch sehr geprägt von »Wir wissen, was gut für Sie ist«. Heute ist es so, dass wir gemeinsam mit unseren »Kunden« die beste Lösung für ihn suchen bzw. ihn derart beraten, dass er für sich den idealen Bildungsweg findet. Eigenverant-

wortlichkeit hat in unserer Arbeit von Beginn an einen hohen Stellenwert.
Ich finde auch, dass der Umgang, den Menschen mit und ohne Handicap untereinander haben, selbstverständlicher geworden ist, was u. a. auch damit zusammenhängt, dass die Menschen mit Beeinträchtigungen mehr Selbstbewusstsein entwickelt haben. Aber wir sind noch lange nicht am Ende der Fahnenstange angekommen. Es gibt noch viel zu tun.

Und was hat sich bei den Studenten verändert?

Die SRH war früher eine pure Einrichtung für Rehabilitanten. Der Moment, als wir uns für alle geöffnet haben, war die Initialzündung für einen Prozess, der bis heute andauert. Aus dem Ghetto ist ein offener Raum geworden, in dem sich Menschen mit ihren unterschiedlichen Geschichten und ihren unterschiedlichen Kulturen begegnen und zusammen auch voneinander lernen können. Der Umgang miteinander ist spürbar von Respekt und Toleranz geprägt. Das manifestiert sich an allen Ecken und Enden, wenn man sich auf dem Campus bewegt.

Was können Behinderte und Nicht-Behinderte voneinander lernen?

Unsere behinderten Studenten können einen gewissen selbstverständlichen Umgang mit ihrer Behinderung in Alltagssituationen lernen. Bei uns ist es gewissermaßen normal, dass Menschen mit und ohne Handicap gemeinsam ihr (Lern-)Leben gestalten. Sie haben zwar alle

Möglichkeiten der Versorgung, aber der Sonderstatus fällt weg, und so wird es den Menschen möglich, ein gesundes Selbstbewusstsein zu entwickeln. Sie lernen auch, dass die Behinderung nur ein Aspekt ist und ihre Persönlichkeit noch aus ganz vielen anderen Eigenschaften – Qualitäten und Defiziten – besteht. Sie begreifen, dass sie Menschen sind mit Ecken und Kanten, wie andere auch. Und das ist eine wichtige Voraussetzung, um mit einer Behinderung – wie immer diese geartet sein mag – gut zu leben. Und auch die nichtbehinderten Studenten können lernen, dass Behinderte auch nur Menschen sind – mit ganz vielen Facetten, die weit über die Behinderung hinausgehen. Dazu kommt, dass jeder Mensch mit einem Handicap eine ganz persönliche (Leidens-)Geschichte besitzt, die er – so oder so – überwunden hat. Er hat gelitten, gekämpft und sich sein Leben zurückerobert. Daraus erwachsen oft eine ganz eigene Kraft und besondere Qualitäten, mit denen diese Menschen durch das Leben gehen. Und davon kann jeder sich eine Scheibe abschneiden, der mit ihnen zu tun hat.

Es wird in letzter Zeit viel über Inklusion gesprochen. Was bedeutet dieser Begriff für Sie?

Zunächst einmal begrüße ich es sehr, dass die UN-Behindertenrechtskonvention 2009 Eingang in die deutsche Gesetzgebung gefunden hat. Es ist wichtig, dass jeder Mensch die Möglichkeit erhält, sich vollständig und gleichberechtigt an gesellschaftlichen Prozessen zu beteiligen – und zwar unabhängig von individuellen Fähigkeiten, ethnischer oder sozialer Herkunft, Geschlecht oder Alter. Politisch sind wir also auf dem richtigen Weg. Was jetzt noch mehr passieren muss, ist ein Bewusstseinswandel der Menschen. Um Denken und Handeln der Menschen zu verändern, muss auch jedem bewusst sein, wie wichtig Inklusion für das gesellschaftliche Miteinander ist. Sie kann nur dann gelingen, wenn möglichst viele Menschen erkennen, dass gelebte Inklusion den Alltag jedes Einzelnen bereichert. Ich selbst möchte nicht missen, was ich von Menschen mit Handicap für mein Leben gelernt habe.

Was können behinderte Menschen dafür tun, dass Inklusion realisiert wird?

Ganz kurz gesagt: sich eigenverantwortlich in ihrem jeweiligen Lebenskontext einbringen und ihre Lebenssituation positiv betrachten. Ich halte es für ganz wichtig, dass Menschen – mit und ohne Handicap – ihre Opferrolle überwinden und ihr Leben aktiv in die Hand nehmen. Wer jammert, der kommt nicht weit. Nur wer bereit ist und gelernt hat, sein Leben selbst aktiv in die Hand zu nehmen und konstruktiv zu gestalten, hat auch eine Chance, ein glückliches Leben zu führen. Ich denke, dass es für Menschen mit Behinderung eine ganz wichtige Aufgabe ist, anderen Menschen zu zeigen, dass die Behinderung nur ein Aspekt ihres Seins ist und dass sie auch nur Menschen sind, die ihre guten und schlechten Tage haben. Im Grunde haben wir doch alle unsere Grenzen, die wir akzeptieren müssen. Bei Menschen mit Handicap sind diese Grenzen nur evidenter. Die Menschen müssen lernen, Hindernisse nicht als Bürde zu begreifen, sondern als Chance.

Was kann die SRH leisten, dass Inklusion gelingt?

Bei uns passiert in dieser Hinsicht schon ganz viel. Als geschlossene Einrichtung haben wir uns bereits vor einigen Jahren selbst abgeschafft. Alle unsere Angebote sind offen für alle. Wir sind weitgehend barrierefrei, sodass jeder überall hinkommen kann, wo er hinkommen will oder muss. Wir bieten eine umfangreiche medizinische Versorgung und lösungsorientierte Beratung, die keine Lösung vorgibt, sondern viel mehr den Menschen dabei hilft, ihre eigene individuelle Lösung zu finden. In dieser Philosophie steckt ganz viel Respekt vor den Eigenheiten und Besonderheiten des anderen.

Eines der Ziele, die wir uns auf die Fahne geschrieben haben, ist es, Menschen Chancen zu eröffnen und gleichzeitig unsere Gesellschaft mitzugestalten. Ganz praktisch bedeutet dies, dass wir unsere Absolventen ganz aktiv dabei unterstützen, ihren Platz im Arbeitsleben zu finden. Wir kombinieren unsere Studiengänge mit Praktika in Unternehmen und sind bestens mit Unternehmen und institutionellen Einrichtungen wie beispielsweise mit der Agentur für Arbeit vernetzt. Es gehört bei uns auch zum festen Bestandteil unserer Curricula, dass wir für Seminare und Vorlesungen Dozenten direkt aus Unternehmen berufen, die dafür sorgen, dass unsere Studiengänge praxisnah bleiben. Hinter all dem steht unser Grundansatz, dass Eigenverantwortung des Individuums, Leistungsbereitschaft und private Initiative besser geeignet sind als das Vertrauen auf kollektive Strukturen und Lösungen, um ein selbstbestimmtes und sozial verantwortliches Leben zu führen sowie das Allgemeinwohl zu fördern.

Jeder Mensch ist in unseren Augen eine einzigartige Persönlichkeit und zugleich immer auch ein soziales Wesen. Wir fördern deshalb die Entwicklung unserer Studierenden und Mitarbeiter zu eigenverantwortlich denkenden und handelnden Menschen, die mit Selbstvertrauen in die eigenen Fähigkeiten und in partnerschaftlicher Zusammenarbeit mit anderen ihr Schicksal aktiv und selbstständig gestalten.

*Dr. phil. Michael Nagy ist Professor an der SRH Hochschule Heidelberg und Leiter des Instituts für wissenschaftliche Weiterbildung und Personalentwicklung. Er arbeitet seit über zwanzig Jahren mit Menschen mit körperlicher oder geistiger Behinderung.

Mehr Infos über: http://www.imk.fh-heidelberg.de

Danke

Zwanzig Jahre lang war ich kein Standard – und so soll es weiter gehen!

Seit meinem Unfall im August 1992 hat sich viel getan in meinem Leben. In einem tollen und erfüllten Leben, trotz fehlender Beine. Ich bin viel gereist, habe viel erlebt und viel gesehen. Menschen, Länder, spannende und inspirierende Orte unserer Welt ... Und das ging, weil ich nie aufgehört habe, aus dem, was mir geschenkt wurde, das Beste zu machen.

Ich bin noch lange nicht müde, habe noch viel zu sagen. Mit den wichtigsten Menschen an meiner Seite meisterte und lebte ich die vergangenen zwanzig Jahre nach meinem Unfall bis heute. Es gab viele tolle Unterstützer, es gibt sie bis heute. Einige von ihnen schlugen andere Wege ein, sind nicht mehr aktiv dabei in meinem Leben. Ich denke an sie.

Allen voran gilt mein Dank meinem Freund Georgius Adamidis, ohne den ich heute nicht mehr am Leben wäre. Er ist für mich in vielerlei Hinsicht zu einem sehr besonderen Menschen geworden, ein Vorbild für Authentizität, Geradlinigkeit und emotionale Wärme. Immer mit einem offenen Ohr zur Stelle, wenn ich es brauche. Es scheint, als verstünden wir uns auch deshalb so gut, weil wir vieles Unausgesprochene miteinander teilen und eine Art Seelenverwandtschaft pflegen. Wir sind auch zwei Spinner, die sich gesucht und gefunden haben. Georg ist ein großer Kraftspender und Ruhepol für mich. Vielleicht sogar der große Bruder, den ich nie hatte.

Ich danke meinen Eltern, Regine und Dieter Sitzmann, die mich auch weiterhin zu jeder Zeit unterstützen und zu denen ich einen tollen Kontakt pflege. Oma und Opa sind sie heute und mächtig stolz auf Ihre Enkelin Emely und ihren Enkel Lukas (Sohn von Benjamin). Ich danke meinen Brüdern, Benjamin und Daniel, die mir immer zur Seite stehen und für mich da sind, wenn ich sie brauche. Es macht viel Spaß, mit mehr Reife gemeinsame Projekte zu gestalten und sich zu unterhalten.

Ich danke Angela Bezzenberger dafür, dass sie eine sichere Konstante in meinem Leben ist. Schon tolle zweiundzwanzig Jahre lang.

Ich danke meiner Schwester Lisa dafür, dass sie mich immer wieder mit jugendlicher Frische ansteckt und mir so die Tage versüßt.

Ich danke meinen Großeltern, Christa und Eduard Sitzmann, für ihre Unterstützung und bin glücklich, dass sie für meine Tochter noch Ur-Oma und Ur-Opa sein können.

Vor fünf Jahren verabschiedeten wir uns von Opa Helmut Karnetzky, der mich in meinem ersten Buch im Kapitel »Was wir alleine nicht schaffen – die Kraft der Familie« mit auf eine kleine und mir immer unvergessene Reise nahm. Bei jeder meiner Lesungen werde ich fröhlich an ihn und unsere gemeinsame Geschichte erinnert. Ich trage sie hinaus in die Welt und rege damit zum Schmunzeln, Lachen und Nachdenken an. Dafür bin ich ihm noch heute dankbar.

Nun ging auch unsere Oma Liselotte Karnetzky in diesem Jahr und im hohen Alter von zweiundneunzig Jahren »nach

Hause«. Wir werden sie alle nie vergessen. War sie doch eine Oma, wie sie im Buche steht. Aufrecht, ehrlich, herzlich und fürsorglich für all ihre Lieben. Und kochen konnte sie! Die einzige Person übrigens, die mich jahrzehntelang »Flori« nannte und einen ganz besonderen Ton in ihrer Stimme hatte, wenn sie das rief. Meine Lilo-Omi eben. Das Geschenk des »Friedlichen Einschlafens« haben wir ihr alle gewünscht. Im Frühling hat sie es dankbar entgegengenommen. Für ihre Liebe zu mir und uns allen bin ich ihr dankbar. Den Himbeersirup, den sie uns im Kindesalter machte, wenn die Tage im Sommer besonders heiß waren, bereite ich Emely hin und wieder auch noch zu. Ein schönes Stück Erinnerung für mich an meine wunderschöne Kindheit mit ihr.

Große Männer wären nichts ohne noch größere Frauen an ihrer Seite! So kann ich voller Glück einer Frau in die Augen schauen, die mich liebt, wie ich bin, und mich unterstützt, wo sie nur kann. Eine Frau, die man auf der Stelle heiraten muss, bevor es ein anderer tut. Die man sein Leben lang festhalten soll und sie zugleich auf Händen trägt, weil sie es verdient hat. Ich danke meiner Lebensgefährtin Annika für ihre liebevolle Art, mit mir und auch mit Emely umzugehen. Sie ist eine Bereicherung für mein Leben.

Ich danke meinem Freund Max William Beyersdorf ganz herzlich dafür, dass er mich weiterhin als ein wertvoller Mensch in meinem Leben begleitet. Wer einen solchen Freund hat, muss kaum etwas fürchten in dieser Welt. Es wird noch viel kommen für uns! Packen wir es an!

Ich danke Dieter Tappert alias »Paul Panzer« für sein Vorwort in diesem Buch. Wir lernten uns 2010 in einer Talkshow im WDR kennen und sahen uns bald darauf bei einem seiner Konzerte wieder. Ein Großer seines Comedy-Fachs und auch privat ein toller Mensch, soweit ich das beurteilen darf. Danke für die Stunden mit Dir, in denen mein Bauch vor Lachen wehtat! Ich werde Dein Tun auch weiterhin verfolgen und wünsche Dir viel Glück mit Deinen Zukunftsprogrammen!

Ein herzlicher Dank geht wiederholt und von Herzen an Christine Weiner und Bernd Görner. Auch mein zweites Buch haben sie tatkräftig und mit großem Engagement unterstützt. Es war auch mir wieder ein Fest!

Ein herzlicher Dank geht auch an Sie! An alle Leserinnen und Leser meines ersten und auch dieses Buches. Vielen Dank für Ihre Zuschriften, die ich leider schon lange nicht mehr beantworten kann, weil sie einfach eine solche Vielzahl sind. Ich lese jedoch alles aufmerksam und freue mich, wenn Sie an meiner Geschichte teilhaben und sie weitertragen, hinaus ins Land. Vielleicht haben Sie nach dem Lesen dieses Buches für sich selbst neue Möglichkeiten entdeckt, Menschen mit Behinderung zu sehen und mit ihnen umzugehen. Haben Sie Mut!

Ich danke dem Herrn, dass ich lebe.

Bibliografische Information der Deutschen Nationalbibliothek

Die Deutsche Nationalbibliothek verzeichnet diese Publikation in der Deutschen Nationalbibliografie; detaillierte bibliografische Daten sind im Internet über https://portal.dnb.de abrufbar.

FSC
www.fsc.org
MIX
Papier aus verantwortungsvollen Quellen
FSC® C014496

Verlagsgruppe Random House FSC-DEU-0100
Das für dieses Buch verwendete FSC®-zertifizierte Papier *Munken Premium Cream* liefert Arctic Paper Munkedals AB, Schweden.

1. Auflage

Coverfoto: © Thommy Mardo Photography, Mannheim
Innenteilfotos: Daniel Sitzmann, Felix Müller-Stolz
S. 170 (© Karl Kübel Stiftung / Marc Fippel)
Druck und Einband: GGP Media GmbH, Pößneck
Printed in Germany
ISBN 978-3-579-06649-3

www.gtvh.de